Le Théâtre

I0082244

Boissy

LE
SAGE ÉTOURDI

COMÉDIE EN TROIS ACTES

REPRÉSENTÉE POUR LA PREMIÈRE FOIS A PARIS EN

1745

L'ÉPOUX PAR SURPRISE

COMÉDIE EN DEUX ACTES

REPRÉSENTÉE POUR LA PREMIÈRE FOIS A PARIS EN

1744

NOUVELLE ÉDITION

PUBLIÉE

fondateur Collection — 100 Bons Livres 10c

PARIS

DÉPARTEMENTS, ÉTRANGER,
CHEZ TOUS LES LIBRAIRES

Y+

1878

Boissy

LE
SAGE ÉTOURDI

COMÉDIE EN TROIS ACTES

REPRÉSENTÉE POUR LA PREMIÈRE FOIS A PARIS EN

1745

L'ÉPOUX PAR SURPRISE

COMÉDIE EN DEUX ACTES

REPRÉSENTÉE POUR LA PREMIÈRE FOIS A PARIS EN

1744

NOUVELLE ÉDITION

PUBLIÉE

fondateur Collection 100 Bons Livres 10c

PARIS

DÉPARTEMENTS, ÉTRANGER,

CHEZ TOUS LES LIBRAIRES

1878

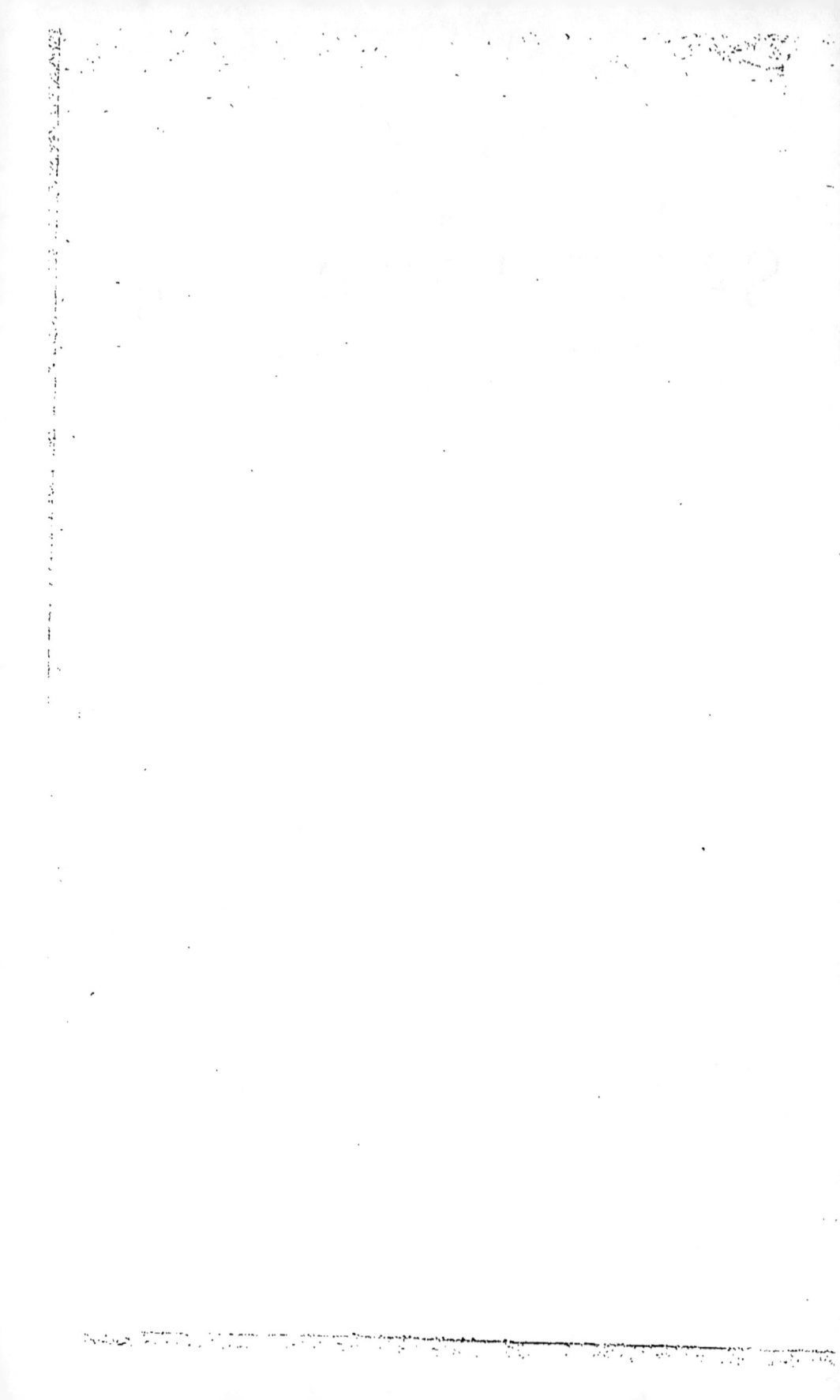

LE SAGE ÉTOURDI

PERSONNAGES.

ÉLIANTE, veuve.
LUCINDE, nièce d'Éliante, et
  promise à Léandre.
LÉANDRE.

ÉRASTE, ami de Léandre.
ORONTE, père de Léandre.
MARTON, suivante.
FRONTIN, valet 'Éraste.

(La scène est à la campagne, chez Éliante.)

ACTE PREMIER

SCÈNE I

LUCINDE, MARTON.

MARTON.
Belle Lucinde, eh ! quoi ! vous paraissez rêveuse,
Vous qu'on ne vit jamais un instant sérieuse.
LUCINDE.
Le jour de mon hymen est tout prêt d'arriver ;
C'est un nœud sans retour, cela donne à rêver.
MARTON.
Vous teniez l'autre jour un différent langage ;
Votre esprit se faisait la plus charmante image...
LUCINDE.
De nouvelles clartés ont détrompé mes yeux,
Et m'ont, depuis huit jours, appris à penser mieux.
L'hymen, sous les dehors d'une liberté vaine,
Cache le poids réel d'une constante chaîne :
Notre âme en est la dupe ; et ses liens trompeurs
N'en sont pas moins gênants pour être ornés de fleurs.

MARTON.

Je trouve la contrainte où vous tient la tutelle
D'une tante absolue, encore plus cruelle.

LUCINDE.

Cette tante est vraiment une mère pour moi;
Je ne puis trop chérir ni respecter sa loi :
Elle rend à mes yeux le devoir agréable,
L'obéissance douce, et la raison aimable.

MARTON.

J'en demeure d'accord ; mais, malgré ce portrait,
Avouez avec moi que l'on prend sans regret
Le parti de quitter la tante la plus chère
Pour suivre un époux jeune et fait en tout pour plaire :
Tel est votre Léandre.

LUCINDE.

   Il est trop étourdi.
Son âge est un défaut.

MARTON.

   Votre âge est assorti.
Vous n'avez que seize ans: il en a vingt, je pense.
Pour un défaut commun on a de l'indulgence.
Comme vous il est vif; il a de la gaîté.

LUCINDE.

J'aimerais mieux qu'il eût moins de vivacité.
Il faut, non pas en nous, ni dans nos caractères,
Une opposition qui les rende contraires
(Elle est encore pis que l'uniformité);
Mais, dans l'âge et l'esprit, cette diversité [traste.
Qui, sans choquer nos cœurs, forme un heureux con-
Je voudrais que Léandre eût le bon sens d'Eraste.

MARTON.

D'Éraste ! son esprit n'est pas des plus sensés.
Sans lui faire de tort, il a trente ans passés,
Et l'on voit cependant qu'il vit dans l'indolence,
Sans prendre aucun parti.

LUCINDE.

   Marton, c'est par prudence.
Il préfère en secret le repos à l'éclat.
C'est par cette raison qu'il ne prend point d'état.

Le bonheur est son but, le plaisir son système ;
Et dans l'indépendance il met le bien suprême.

MARTON.

Bon ! de la liberté ces prétendus héros
Sont pris tout les premiers, et n'en sont que plus sots.
Ma foi, si, dans ce jour, j'étais à votre place,
Mes charmes sur son cœur puniraient son audace.

LUCINDE.

J'y réussirais mal.

MARTON.

                    Vous n'avez qu'à vouloir.
Vos beaux yeux peuvent tout. Essayez-le, pour voir.

LUCINDE.

Mais, dans le fond du cœur, Marton, te l'avoûrai-je ?
Je trouverais plaisant qu'il donnât dans le piége.

MARTON.

Il faut à votre char aujourd'hui le lier
Pour en faire un exemple : allons, point de quartier.

LUCINDE.

Je ris... Mais, non, ces jeux sont d'un danger extrême.

MARTON.

Oui, tel qui tend un piége y peut tomber soi-même :
Et, s'il faut avec vous m'expliquer franchement,
Vous inclinez vers lui plus que vers votre amant.

LUCINDE.

Sa façon de penser me le rend estimable :
C'est le seul sentiment dont mon cœur soit capable.

MARTON.

Vous allez donc former votre hymen sans amour ?

LUCINDE.

Je voudrais de bon cœur en reculer le jour.

MARTON.

Inutile souhait ! l'affaire est résolue,
Et dans cette semaine elle sera conclue.

LUCINDE. .

Pourvu qu'elle se fasse, il n'importe du temps.

MARTON.

Ces nœuds manquent toujours par les retardements.
La politique veut, dans tout ce qui nous touche...

LUCINDE.

Tais-toi. La politique est fort mal dans ta bouche.
Si Léandre m'en croit, et pense comme moi,
Nous pourrons de concert tenter... mais je le vois.

SCÈNE II

LÉANDRE, LUCINDE, MARTON.

LÉANDRE.

Je viens vous annoncer une grande nouvelle.
Nous serons mariés ce soir, mademoiselle.

LUCINDE.

Ce soir ?

LÉANDRE.

Ce soir même. Oui, mon père vient exprès.

LUCINDE.

Ah ! Je ne croyais pas que l'instant fût si près.

LÉANDRE.

Je vois à cet aspect que votre âme frissonne.

LUCINDE.

Non : mais, à dire vrai, la nouvelle m'étonne.

LÉANDRE.

Avouez que l'hymen alarme votre cœur.

LUCINDE.

Je conviens qu'à mon âme il cause quelque peur.

LÉANDRE.

Dites qu'il vous inspire une frayeur très-vive :
Le mariage est beau, mais dans la perspective ;
Il présente de loin un coup d'œil attirant :
Dès qu'il est vu de près, il paraît différent.
De ses apprêts surtout la jeunesse effrayée,
Par des nœuds éternels craint de se voir liée.
Vous êtes dans le cas ; parlez-moi franchement ;
Là, ne sentez-vous point certain frémissement ?

LUCINDE.

Oui.

LÉANDRE.

Moi, qui parle ici, quoique plus intrépide,

Je sens dans ce moment que mon cœur s'intimide.

LUCINDE.

C'est un nœud sérieux qui veut un esprit mûr;
Ne rien précipiter est toujours le plus sûr.

LÉANDRE.

Oui, vous avez raison; c'est le meilleur système;
Et je vous avoûrai que je pense de même :
Nous ne ferions pas mal de différer d'un mois.

LUCINDE.

De trois, si vous voulez.

LÉANDRE.

Oui, c'est bien dit, de trois :
Nos esprits mûriront en attendant la noce.

LUCINDE.

Sans doute.

LÉANDRE.

Rien n'est pis qu'un hymen trop précoce;
Il éprouve le sort d'un fruit prématuré;
Il ne vient point à bien.

LUCINDE.

Mais, tout considéré,
Plus nous retarderons, et mieux, formés par l'âge,
Nous soutiendrons tous deux le poids du mariage.

MARTON.

Il le faut avouer, pour de jeunes amants
Vous faites éclater de grands empressements.

LÉANDRE.

De ce lien flatteur je sens tout l'avantage;
Mais je diffère exprès pour en mieux faire usage

MARTON.

Vous prenez l'un et l'autre un parti fort prudent;
La difficulté gît à savoir maintenant
Si votre tante aura ce plan pour agréable.

LÉANDRE.

Pour ne pas l'approuver elle est trop raisonnable.

LUCINDE.

La chose est juste au fond, elle doit l'accorder.

LÉANDRE.

Je m'engage moi-même à la lui demander.

MARTON.

La démarche, monsieur, me paraît hasardée.

LÉANDRE.

Elle réussira, car j'en ai bonne idée.

MARTON.

Vous n'avancerez rien. Son caractère est tel :
Quand elle a prononcé, l'arrêt est sans appel.

LÉANDRE.

Non, Marton, à nos yeux tu la peins trop rigide :
Dans tout ce qu'elle fait la douceur est son guide.

MARTON.

Son penchant naturel la porte à dominer.

LÉANDRE.

Oui : mais le ciel l'a fait exprès pour gouverner :
On voit qu'à vingt-six ans, au fort de sa jeunesse,
Elle fait éclater en tout une sagesse
Que les autres n'ont pas dans un âge avancé.
Air, conduite, discours, tout en elle est sensé.
La raison est toujours l'ascendant qui l'inspire ;
Et le ton qu'elle prend fait aimer son empire.
A vivre sous ses lois on trouve des appas.
Lucinde, j'en suis sûr, ne m'en dédira pas.

LUCINDE.

Des tantes il est vrai qu'elle est la plus aimable.

LÉANDRE.

La plus digne d'estime et la plus adorable.

MARTON, à Léandre.

Vous faites son éloge avec beaucoup d'ardeur.

LÉANDRE.

Je ne fais en cela que consulter mon cœur.

MARTON.

Elle aura dans monsieur un neveu plein de zèle.

LÉANDRE.

Je bénis le lien qui doit m'approcher d'elle.

MARTON.

Vous devez en ce cas presser votre union.

LÉANDRE.

La chose à cet égard mérite attention.

LUCINDE.

Oui, je suis, avec vous, d'accord sur ce chapitre :
Monsieur, je vous en laisse absolument l'arbitre.
Adieu. N'oubliez rien pour suspendre ces nœuds,
Et parlez à ma tante au nom de tous les deux.

LÉANDRE.

Sur moi d'un pareil soin vous pouvez vous remettre ;
Je dirai ce qu'il faut ; j'ose vous le promettre.

SCÈNE III

LÉANDRE.

Quel bonheur qu'elle soit dans de tels sentiments !
C'est avoir réussi que d'obtenir du temps.
Loin de nuire à mes vœux, elle leur est propice.
Je dois voir maintenant son aimable tutrice.
Mon destin dépend d'elle ; il faut franchir ce pas.
Il est des plus glissants et des plus délicats.
D'une noble assurance, allons, armons mon âme.
Je la vois qui paraît. C'est la première femme
Dont l'air m'ait inspiré la crainte et le respect.
Tout hardi que je suis, je tremble à son aspect.

SCÈNE IV

LÉANDRE, ÉLIANTE.

ÉLIANTE.

Je vous trouve à propos, et je dois vous apprendre
Que votre père ici n'est pas sûr de se rendre ;
Sa mauvaise santé l'arrête malgré lui.

LÉANDRE.

L'hymen ne peut donc pas s'accomplir aujourd'hui ?

ÉLIANTE.

Pardonnez-moi, monsieur ; car il me prie en grâce
Que votre mariage incessamment se fasse.

LÉANDRE.

Sans lui ?

ÉLIANTE.

Je me conforme à son désir pressant.

LÉANDRE.

Le mien en est flatté. Mais sera-t-il décent
Que, tandis que mon père est aux douleurs en proie,
Je célèbre une noce et me livre à la joie?
Les danses et les jeux seront-ils de saison?
L'amour ne doit-il pas céder à la raison?

ÉLIANTE.

Comment donc! vous sortez de votre caractère.
Vous paraissez prudent, contre votre ordinaire.

LÉANDRE.

Je le suis en effet sous un air des plus foux:
Mais, madame, ai-je tort? je m'en rapporte à vous;
A vous, dont la conduite est toujours circonspecte,
A vous, que j'aime à suivre, et qu'en tout je respecte.

ÉLIANTE.

Puisque vous voulez bien me faire cet honneur,
Votre père vous doit causer moins de frayeur.
Sans blesser le devoir, ni choquer la décence,
Vous pouvez épouser Lucinde en son absence.
Le mal qui le retient est un mal douloureux;
Mais je sais, par bonheur, qu'il n'est pas dangereux:
Et, pour mieux ménager votre délicatesse,
J'aurai soin que sans bruit votre contrat se dresse.
Cette campagne est propre à servir mon dessein.
Votre hymen se fera ce soir même; et demain
Nous irons à Paris, sans crainte d'aucun blâme,
A ce père si cher présenter votre femme.

LÉANDRE.

Il serait beaucoup mieux qu'il en fût le témoin.

ÉLIANTE.

Monsieur, à dire vrai, j'admire un pareil soin:
Il me surprend en vous; j'en suis même blessée.
J'aurais cru que votre âme était plus empressée
Et que vous soupiriez après ce nœud flatteur.
Quelle raison en vous a ralenti l'ardeur
D'entrer dans ma famille?

LÉANDRE.

Elle est toujours la même.

ÉLIANTE.

Si ma nièce, dont l'âme est sensible à l'extrême,
Savait que vous montrez si peu d'empressement,
Elle en témoignerait un vrai ressentiment.

LÉANDRE.

Je n'ai pas cette crainte ; et, pour ne vous rien taire,
Elle souhaite fort que ce nœud se diffère.

ÉLIANTE.

Vous m'étonnez, monsieur ! son cœur est donc changé?

LÉANDRE.

Je dois vous dire plus ; c'est qu'elle m'a chargé
De vous le demander comme un bienfait pour elle.
Avant de se lier d'une chaîne éternelle,
Madame, elle vous prie instamment, par ma voix,
D'accorder à ses vœux au moins deux ou trois mois,
Pour former sa raison au point qu'elle doit l'être,
Et pour avoir le temps tous deux de nous connaître.

ÉLIANTE.

Deux ou trois mois, monsieur, pour former sa raison !

LÉANDRE.

Ce temps fera beaucoup, et j'en suis caution.

ÉLIANTE.

Oui, je conçois qu'un terme aussi considérable
Doit faire un changement en elle remarquable ;
Et rien n'est mieux conçu. Je vois qu'avec bonté,
Monsieur, à son projet vous vous êtes prêté ;
Et, pour rendre la chose encore plus parfaite,
Vous voulez bien vous-même être son interprète.

LÉANDRE.

Je n'ai pu résister à de si justes vœux.
Nous sommes, pour attendre, assez jeunes, tous deux.

ÉLIANTE.

Vous me le déclarez un peu tard l'un et l'autre.
Lorsque j'ai consulté son cœur avec le vôtre,
Que ne me faisiez-vous cet aveu singulier ?
Votre ravissement a paru le premier ;
Et ma nièce, après vous, n'a pu cacher sa joie.

D'un changement si prompt que faut-il que je croie ?
En si peu de moments qui peut l'avoir produit ?

LÉANDRE.

De la réflexion, madame, il est le fruit.

ÉLIANTE.

En êtes-vous capable ?

LÉANDRE.

Oui, j'en fais d'excellentes.

ÉLIANTE.

Il faut que vous ayez des raisons bien puissantes.
Parlez... Vous vous troublez ! Vous n'osez répartir ?

LÉANDRE.

Je n'ai pas devant vous la force de mentir.

ÉLIANTE.

Quelles sont ces raisons ? daignez donc me les dire.

LÉANDRE.

Puisque vous l'ordonnez, je vais vous en instruire.

SCÈNE V

LÉANDRE, ÉLIANTE, MARTON.

MARTON.

Madame la comtesse arrive pour vous voir,
Madame.

ÉLIANTE, à Léandre.

Je vous quitte, et vais la recevoir.
Sa visite, qui n'est que de cérémonie,
Au gré de toutes deux sera bientôt finie.
Ne vous éloignez point, monsieur ; et songez bien
Que je veux au plus tôt finir notre entretien.

SCÈNE VI

LÉANDRE, MARTON.

MARTON.

Madame n'est donc pas pleinement informée ?

LÉANDRE.
Non : l'affaire, Marton, n'est encor qu'entamée :
Tu m'as interrompu ; mais elle est en bon train.

MARTON.
Son discours n'en est pas un garant bien certain.

LÉANDRE.
Tu t'abuses.

MARTON.
Monsieur est riche en confiance.

LÉANDRE.
Il le faut ; le succès est fils de l'assurance.
Quelqu'un vient.

MARTON.
C'est Frontin.

SCÈNE VII

LÉANDRE, FRONTIN, MARTON.

LÉANDRE.
Qui t'amène en ces lieux ?

FRONTIN.
Puisque d'un tel secret vous êtes curieux,
Je viens savoir, monsieur, si Marton, que j'honore,
Et que, si je l'osais, je dirais que j'adore,
N'a rien en ce moment à mander à Paris.
J'y vais avec Eraste.

LÉANDRE.
Il part ! j'en suis surpris.

FRONTIN.
Oui, dans ce même instant.

LÉANDRE.
Comment ! sans me rien dire ?
A la ville sais-tu quelle raison l'attire ?

FRONTIN.
Mais, quoiqu'il soit rempli d'attention pour moi,
Il ne m'en a rien dit, je suis de bonne foi.

LÉANDRE.
A ce brusque départ il faut que je m'oppose,

Et je vais de ce pas en apprendre la cause.
Je ne permettrai point qu'il me quitte aujourd'hui,
Quand j'ai précisément le plus besoin de lui.

SCÈNE VIII

MARTON, FRONTIN.

MARTON.

Ton maître part le jour que la noce s'apprête ;
Quand il en est prié, rien n'est plus mal honnête
Mais je ne conçois rien à ce procédé-là :
Je voudrais bien savoir qui le porte à cela.

FRONTIN.

Mais il a ses raisons.

MARTON.

Il n'en a que de fausses.

FRONTIN.

Faut-il te parler franc ? nous n'aimons pas les noces ;
Nous trouvons ces plaisirs si fades, si bourgeois,
Que, pour les éviter, nous fuirions dans les bois.
Toute la parenté qui se trouve priée,
Et vient complimenter la jeune mariée ;
Les mauvais mots du jour et ceux du lendemain :
Ah ! le joli régal !

MARTON.

Il est fort de mon goût.

FRONTIN.

Je te crois trop d'esprit pour penser...

MARTON.

Point du tout ;
J'eus toujours pour la noce un penchant invincible ;
Pour tout autre plaisir mon cœur est insensible ;
Un amant ne saurait me plaire qu'à ce prix.

FRONTIN.

Serviteur ; le temps presse, et je pars pour Paris.

ACTE DEUXIÈME

SCÈNE I
LÉANDRE, ÉLIANTE.

ÉLIANTE.
J'ai saisi ce moment exprès pour vous entendre :
Dites-moi vos raisons, qu'il me tarde d'apprendre.
LÉANDRE.
Vous l'exigez de moi, madame, absolument?
ÉLIANTE.
Oui, j'attends votre aveu très-impatiemment.
Parlez, nous voilà seuls.
LÉANDRE.
Je vais parler, madame.
Madame...
ÉLIANTE.
Eh bien! monsieur?
LÉANDRE.
Excusez ; mais mon âme
Sent un effroi...
ÉLIANTE.
D'où vient?...
LÉANDRE.
Ma foi, les plus hardis
Trembleraient comme moi dans le cas où je suis.
ÉLIANTE.
Rassurez votre esprit; dites, qui vous engage
A reculer l'instant de votre mariage?
Auriez-vous de ma nièce à vous plaindre, entre nous?
LÉANDRE.
Non ; mon cœur ne peut plus déguiser avec vous :
Pour une autre en secret, madame, je soupire.
ÉLIANTE.
Comment! vous en aimez une autre ; et pour le dire,
De votre hymen, monsieur, vous attendez le jour?

LÉANDRE.

J'ai de tous mes efforts combattu mon amour ;
Mais j'ai pris pour le vaincre une inutile peine :
Rien n'en peut triompher, ma résistance est vaine
Et je sens qu'il s'accroît même dans ce moment.

ÉLIANTE.

Mais quel est donc l'objet de votre attachement ?
Trouvez bon, s'il vous plaît, que je vous interroge
Sur un sujet pareil.

LÉANDRE.

Son nom fait son éloge.

ÉLIANTE.

Ce discours ne dit rien. Cet objet si vanté
Surpasse-t-il Lucinde en esprit, en beauté ?
Sa personne en vertus est-elle plus brillante ?

LÉANDRE.

Oui, cent fois.

ÉLIANTE.

Nommez-la.

LÉANDRE.

C'est...

ÉLIANTE.

Eh bien ! c'est...?

LÉANDRE.

Sa tante.

ÉLIANTE.

Je n'ai pas entendu. Comment avez-vous dit ?

LÉANDRE.

C'est vous que j'aime.

ÉLIANTE.

Moi ?

LÉANDRE.

Vous-même.

ÉLIANTE.

Votre esprit

S'égare...

LÉANDRE.

Non ; faut-il vous le redire encore ?
C'est, madame, c'est vous, vous seule que j'adore.

ÉLIANTE.

Pour rompre, allez, monsieur, cessez de vous servir
D'un prétexte offensant dont vous devez rougir.
Votre manque de foi vous rend assez coupable,
Sans le couvrir encor d'un voile si blâmable :
Je me sens par ce trait doublement offenser.

LÉANDRE.

Madame, un seul instant pouvez-vous le penser?
Si je ne vous aimais, mais avec violence,
Ferais-je un tel aveu dans cette circonstance?
De ma sincère ardeur tout doit vous assurer.

ÉLIANTE.

Vous êtes bien hardi de me le déclarer.

LÉANDRE.

Madame, sur ce point mon cœur n'est plus son maître.
Après les sentiments qu'il vous a fait connaître,
Fâchez-vous : éclatez autant qu'il vous plaira;
Il vous dira toujours, et vous répétera,
Que son amour pour vous est fondé sur l'estime ;
Que la raison l'éclaire et la vertu l'anime ;
Qu'elles l'ont affermi dans son culte secret,
Et qu'il adore en vous un mérite parfait;
Qu'il l'avoûra tout haut, qu'il s'en fait une gloire;
Qu'il fuit tout autre nœud, que vous devez l'en croire;
Qu'il met à vous fléchir son bonheur le plus doux,
Et qu'il sera constant, fût-il haï de vous.

ÉLIANTE.

Monsieur...

LÉANDRE.

     J'entends d'ici votre austère langage;
Vous allez commencer par m'opposer votre âge.
Je vous arrête là : vous avez vingt-six ans;
C'est l'été de vos jours; par conséquent le temps
D'inspirer, d'éprouver une flamme constante :
Car l'âge de penser d'une façon prudente,
De sentir fortement est aussi la saison.
Il faut, pour bien aimer, il faut de la raison.

ÉLIANTE.

D'aimer, en ce cas-là, vous êtes peu capable.

LÉANDRE.

Mais je suis assez vieux pour être raisonnable :
Notre âge est assorti mieux que vous ne pensez.
Madame, savez-vous que j'ai vingt ans passés ?
Il suffit de mon choix pour prouver ma sagesse ;
Mes feux sont raisonnés ; je veux une maîtresse
Qui m'aide à me conduire, et non à m'égarer ;
Dont l'utile amitié, faite pour m'éclairer,
Doucement vers le bien me tourne avec adresse ;
Et voilà ce qu'en vous rencontre ma tendresse ;
De pareils sentiments sont-ils d'un étourdi ?
Et quand je me dis sage, hem ! vous ai-je menti ?
Rendez-moi donc justice, et convenez vous-même
Que ma flamme est sensée autant qu'elle est extrême ;
Que la prudence seule a décidé mon choix,
Et que votre raison doit lui donner sa voix.
Quoi ! madame, une ardeur si parfaite et si tendre
Ne vous inspire rien ?

ÉLIANTE, d'un ton ironique.

       Pardonnez-moi, Léandre ;
Je sens qu'elle m'inspire une juste pitié.

LÉANDRE.

Dites, dites plutôt une tendre amitié,
Telle que mon amour la mérite et l'espère.

ÉLIANTE.

Oui, comme mon neveu, vous l'aurez tout entière ;
Je l'attache à ce titre.

LÉANDRE.

       Il est des noms plus doux :
La qualité d'amant et le titre d'époux.

ÉLIANTE.

Y songez-vous, monsieur ? vous êtes ridicule !

LÉANDRE.

Madame, c'est en vain que votre âme recule ;
Je vous conduirai là ; dans peu vous y viendrez.

ÉLIANTE.

En vérité ?

LÉANDRE.

       D'honneur.

ÉLIANTE.

Mais...

LÉANDRE.

Mais vous m'aimerez.

Je ne badine pas, la chose est très-réelle.

ÉLIANTE.

Je vous aimerai, moi? La menace est nouvelle.

LÉANDRE.

Vous m'aimerez, vous dis-je; oui, malgré vos refus.

Il le faut; je me suis arrangé là-dessus.

ÉLIANTE.

A moins que comme à vous la tête ne me tourne,

Je ne souffrirai pas que l'amour y séjourne;

Je la crois assez forte.

LÉANDRE.

Elle vous tournera.

ÉLIANTE.

Votre petit orgueil s'égare jusque-là?

LÉANDRE.

Sur un meilleur appui j'ai mis mon espérance;

Mon amour fait lui seul toute ma confiance.

Il est tout à la fois si pur, si véhément,

Qu'il doit vous attendrir indubitablement.

ÉLIANTE.

Quoi! vous vous flattez...

LÉANDRE.

Oui, vous serez favorable.

ÉLIANTE.

Vous êtes, je le sais, fort joli, fort aimable;

Mais tous vos agréments, tous vos propos gentils,

Echoueront près de moi, je vous en avertis.

LÉANDRE.

La chose...

ÉLIANTE.

Dure trop, il est temps qu'elle cesse.

Pour trancher en deux mots, je veux pourvoir ma nièce;

Son établissement devient mon premier soin.

LÉANDRE.

J'ai prévu cet obstacle.

ÉLIANTE.

Oh ! c'est prévoir de loin.
Tant de ressource en vous, tant de conduite brille,
Que je veux vous prier d'établir ma famille.
Auriez-vous pour Lucinde un autre époux en main ?

LÉANDRE.

Oui, vraiment : c'est à quoi j'ai pourvu ce matin.
Je lui donne à ma place un homme de mérite,
Et qui, plus mûr que moi, guidera sa conduite.

ÉLIANTE.

Peut-on savoir son nom ?

LÉANDRE.

Eraste est le mari
Qui doit me remplacer.

ÉLIANTE.

L'époux est bien choisi :
D'un discernement sûr vous donnez une preuve ;
Ma nièce de longtemps, monsieur, ne sera veuve.

LÉANDRE.

Il l'estime, et je veux n'être qu'un étourdi
Si je ne vous l'amène.

ÉLIANTE.

En me parlant ainsi,
Vous ne courez jamais le risque d'un parjure.
Allez prendre un peu l'air, monsieur ; et pour conclure
Un nœud qui ne peut être éloigné ni rompu,
Tâchez de retrouver votre bon sens perdu.

SCÈNE II

LÉANDRE.

Faisons, de quelque appui dont elle se soutienne,
Que sa raison plutôt s'égare avec la mienne.
Le grand coup est frappé, j'ai déclaré mon feu,
Et l'amour ose tout quand il a fait l'aveu.

SCÈNE III

ÉRASTE, LÉANDRE.

LÉANDRE.

On dit que tu pars ?

ÉRASTE.

Oui.

LÉANDRE.

C'est à quoi je m'oppose.
Songes-tu qu'aujourd'hui mon hymen se dispose ?
Tu conduiras la fête, et je compte sur toi.

ÉRASTE.

Tu me dispenseras de remplir cet emploi ;
J'y suis gauche, mon cher, on ne peut davantage,
Et mon beau jour n'est pas le jour d'un mariage.
Adieu, je perds ici trop de temps à causer ;
Vois ces dames pour moi, tâche de m'excuser.

LÉANDRE.

Viens leur parler toi-même ; oui, ton devoir t'y porte,
Et l'on ne s'est jamais comporté de la sorte.
Eliante, à coup sûr, s'en formaliserait ;
Et sa nièce jamais ne te pardonnerait :
Tu sais qu'elle t'estime, et cette préférence...

ÉRASTE.

C'est elle dont je veux éviter la présence.

LÉANDRE.

Pourquoi donc l'éviter ?

ÉRASTE.

Pour un juste sujet.

LÉANDRE.

Peut-on le savoir ?

ÉRASTE.

Non.

LÉANDRE.

Tu m'en fais un secret ?

ÉRASTE.

Oui, n'en demande pas là-dessus davantage.

LÉANDRE.

Mon désir curieux s'accroît par ce langage.

ÉRASTE.

Laisse-moi donc partir.

LÉANDRE.

Non, j'arrête tes pas :
Tu ne partiras point, ou tu m'éclairciras.

ÉRASTE.

Je l'aurais déjà fait si je pouvais t'instruire.

LÉANDRE.

Je pénètre pourquoi tu crains de me le dire.
Pour fuir ainsi Lucinde, il faut absolument
Que tu sentes pour elle un fort éloignement,
Et je serai contraint de le lui faire entendre
Malgré...

ÉRASTE.

Garde-t'en bien; tu mentirais, Léandre.

LÉANDRE.

Tu ne la hais donc pas comme je l'ai pensé?

ÉRASTE.

Non, puisqu'à l'avouer par toi je suis forcé,
A sa vue aujourd'hui je prétends me soustraire
Parce qu'elle m'inspire un sentiment contraire.

LÉANDRE.

Quoi ! tu l'aimes ?

ÉRASTE.

Non; mais... si je tarde à partir,
La chose arrivera, je dois t'en avertir.

LÉANDRE.

Demeure, en ce cas-là, demeure, je t'en prie.

ÉRASTE.

Ce transport me surprend.

LÉANDRE.

C'est moi qui t'en supplie.

ÉRASTE.

Mais je t'ai déjà dit, moi, que je l'aimerai.

LÉANDRE.

Va, tu m'obligeras, je t'en remercîrai.

ÉRASTE.

Je te ferai plaisir de brûler pour ta femme ?

LÉANDRE.

Oui, j'en serai charmé jusques au fond de l'âme :
Je te fais un aveu de mes vrais sentiments.

ÉRASTE.

Je n'ai rien à répondre à ces mots obligeants.

LÉANDRE.

Eraste, c'est assez jouir de ta surprise.
D'un secret, à mon tour, il faut que je t'instruise ·
Une autre que Lucinde enchante tous mes sens ;
Rompre mon mariage est le but où je tends.

ÉRASTE.

Tu n'aimes pas Lucinde ? ô ciel ! qu'oses-tu dire ?
Un objet si charmant !

LÉANDRE.

             Apprends que je soupire
Pour un qui la surpasse, et qui, sans contredit,
Fait voir plus de mérite et montre plus d'esprit.

ÉRASTE.

Cela ne se peut pas ; Lucinde est adorable.

LÉANDRE.

Ce qu'on aime toujours nous paraît préférable :
Pour t'en convaincre ici je n'ai qu'à la nommer.

ÉRASTE.

Quel est donc cet objet si digne de charmer ?

LÉANDRE.

C'est Éliante.

ÉRASTE.

      Éliante ?

LÉANDRE.

          Oui, c'est elle que j'aime.

ÉRASTE.

Bon ! tu ris !

LÉANDRE.

      Je dis vrai.

ÉRASTE.

            Ma surprise est extrême.
Je frissonne pour toi quand je viens à penser

Quelle est la femme à qui tu t'oses adresser :
Dans quelle conjoncture l et puisque tu m'obliges...

LÉANDRE.

Ne crains rien ; je suis né pour faire des prodiges.

ÉRASTE.

Ton mariage...

LÉANDRE.

Eh bien?

ÉRASTE.

Doit se faire ce soir,

Et tu veux le rompre ?

LÉANDRE.

Oui.

ÉRASTE.

Comment? sur quel espoir ?

LÉANDRE.

C'est toi... c'est ton amour qui fait mon espérance :
Je te veux par mon art, aidé de ma prudence,
Faire épouser pour moi Lucinde qui t'a plu :
Il faut que cela soit, car je l'ai résolu.

ÉRASTE.

Léandre, absolument, ton esprit extravague.

LÉANDRE.

C'est un dessein formé, ce n'est pas un plan vague.
Quand je te parle ainsi je suis sûr du succès.

ÉRASTE.

Tu ne raisonnes pas les projets que tu fais.

LÉANDRE.

Je les fais réussir ; et toi, tu les raisonnes.

ÉRASTE.

Mais la chose avec toi dépend de trois personnes :
D'Eliante d'abord il te faut l'agrément;
Puis, l'aveu de la nièce, et mon consentement :
C'est une bagatelle ?

LÉANDRE.

Oui, bagatelle pure :
Et je les obtiendrai, c'est moi qui te l'assure ;
Je réponds de Lucinde, et son cœur m'est connu :
Elle veut comme moi voir notre hymen rompu.

A l'égard de sa tante elle est trop équitable
Pour ne pas approuver un accord raisonnable.
Pour toi, tu m'as instruit des secrets de ton cœur,
Et tu ne voudras pas refuser ton bonheur.

ÉRASTE.

Ton esprit confiant parle, tranche en oracle ;
Et sans voir les écueils, aplanit chaque obstacle ;
A son rapide essor il se laisse entraîner :
La tante, en premier lieu, t'enverra promener.

LÉANDRE.

Elle l'a déjà fait, mais par pure grimace.
Je viens de déclarer ma flamme.

ÉRASTE.

                    Ah! quelle audace !

LÉANDRE.

Je suis allé plus loin; je t'ai proposé, toi,
Pour épouser sa nièce et dégager ma foi.

ÉRASTE.

De quel front, à quel titre, as-tu fait ces avances?

LÉANDRE.

Mais à titre d'ami.

ÉRASTE.

C'est trop d'extravagance

LÉANDRE.

Mais tu dois...

ÉRASTE.

Je ne dois ni ne veux me lier.

LÉANDRE.

Et moi, moi, pour ton bien, je veux te marier.
A prendre ce parti c'est l'honneur qui t'invite :
Malgré toi, je veux faire éclater ton mérite.
Avec de la naissance, à l'âge où tu te vois,
Propre et fait pour remplir les plus brillants emplois,
Dis, ne rougis-tu point d'être un grand inutile,
Et de grossir l'essaim des oisifs de la ville ?
Du destin qui t'attend il faut remplir l'éclat:
Il faut prendre une femme, il faut prendre un état;
C'est là le seul parti qu'il te convient de suivre.
Qui ne vit que pour soi n'est pas digne de vivre :

Tu dois à tes amis, tu dois à tes parents,
A ton pays, à toi, compte de tes moments ;
Tu dois les employer pour leur bien, pour ta gloire.

ÉRASTE.

Va, mon cher, je n'ai pas la vanité de croire
Que mes instants pour eux soient d'un aussi grand prix,
Et je puis les couler dans un repos permis ;
Trop d'ennui, trop de soins suivent le mariage.

LÉANDRE.

L'ennui de l'indolence est plutôt le partage ;
C'est un vide du cœur, né de l'inaction ;
Il faut du mouvement, de l'occupation,
Des charges, des emplois qui remplissent ce vide ;
Des devoirs dont la voix nous excite et nous guide.
A s'en bien acquitter on trouve un bien plus sûr.
Et pour un cœur bien fait le plaisir le plus pur,
Le bonheur le plus grand, le plus digne d'envie,
Est celui d'être utile et cher à sa patrie.

ÉRASTE.

Le but de ce discours est d'engager mon cœur
A se sacrifier pour faire ton bonheur.
Beaucoup plus que le mien ton intérêt t'anime,
Et je fuis pour ne pas en être la victime.

LÉANDRE.

Non, à la fuite en vain tu veux avoir recours.

SCÈNE IV

LUCINDE, LÉANDRE, ÉRASTE.

LÉANDRE.

Lucinde, promptement venez à mon secours ;
Ce captif révolté refuse de vous suivre.
Rangez-le à son devoir : tenez, je vous le livre.
Vengez-vous, punissez son crime avec éclat ;
C'est l'obliger lui-même, et c'est servir l'Etat ;
Il a plus d'un secret important à vous dire :
Forcez-le de parler et de vous en instruire ;
Mon aspect devant vous pourrait l'embarrasser :

Il est un peu timide, et je vais vous laisser.

SCÈNE V

LUCINDE, ÉRASTE.

LUCINDE.
Cette fuite soudaine a lieu de me surprendre :
Pour l'empêcher, monsieur, je me joins à Léandre.
Quitter ainsi les gens, c'est vraiment déserter,
Et comme un fugitif, nous devons vous traiter.

ÉRASTE.
Pardon ; je voulais mettre à couvert ma personne,
Et je suis un poltron que le danger étonne.

LUCINDE.
Quel péril avec nous courez-vous donc, monsieur ?

ÉRASTE.
J'en cours un si pressant qu'il fait trembler mon cœur.

LUCINDE.
Votre cœur est, Éraste, à l'abri des atteintes ;
Et je m'étonne fort que vous ayez ces craintes.

ÉRASTE.
Cette frayeur pourtant, à ne vous point mentir,
Est l'unique motif qui m'oblige à partir.

LUCINDE.
Quelle est donc cette peur que je ne puis comprendre ?

ÉRASTE.
Vous voulez le savoir ? il faut donc vous l'apprendre.
Je le dois d'autant plus, que cet aveu sans fard
Va vous faire approuver et presser mon départ.
Je crains...

LUCINDE.
Que craignez-vous ? achevez de m'instruire.

ÉRASTE.
Je crains de vous aimer, puisqu'il faut vous le dire.

LUCINDE.
Je ne puis m'empêcher de rire de l'aveu :
Cette crainte est nouvelle, et c'est sans doute un jeu.

ÉRASTE.

Non, Lucinde, elle est vraie, et dans mon caractère :
Vous savez à quel point ma liberté m'est chère ;
Je risque de la perdre en restant près de vous :
Vos yeux ont sur mon âme un ascendant si doux,
Que je ne puis vous voir sans en sentir du trouble :
Plus je le vois, et plus je le sens qui redouble.

LUCINDE.

Comment donc ? vous jouez la passion au mieux !

ÉRASTE.

Cessez de plaisanter ; rien n'est plus sérieux,
Plus réel que l'aveu que je viens de vous faire.
Je mérite, en effet, toute votre colère :
Vous devez sans retour me bannir de vos yeux :
Moi-même je voudrais m'arracher de ces lieux ;
Mais je sens, pour vous fuir, que j'ai trop de faiblesse.

LUCINDE.

Et moi, pour vous chasser, j'ai trop de politesse.

ÉRASTE.

Vous riez de me voir dans le piége arrêté.

LUCINDE.

Ce n'est là qu'une idée.

ÉRASTE.

Oh ! c'est la vérité.

LUCINDE.

Cela n'est pas, vous dis-je, et ne peut jamais être.

ÉRASTE.

Mais mon cœur...

LUCINDE.

Non, j'ai trop l'honneur de vous connaître ;
Vous pouvez demeurer sans nul risque avec moi.
Pour mieux vous rassurer, et vaincre votre effroi,
Sachez que pour l'hymen j'ai votre antipathie ;
Je le crains.

ÉRASTE.

Cependant ce soir on vous marie ;
Vous me dispenserez d'en être le témoin.

LUCINDE.

Demeurez hardiment ; l'instant est encor loin.

Léandre et moi, monsieur, je veux bien vous l'ap-
                                        [prendre,
Nous sommes tous les deux d'accord pour le sus-
                                        [pendre.

ÉRASTE,

Votre tante...

LUCINDE.

A coup sûr m'accordera du temps :
Je suis jeune, et je puis attendre au moins deux ans.
Ecoutez, il me vient une idée excellente.
Je me fais de ce plan une image charmante ;
Vous l'allez approuver, monsieur, sans contredit ;
Pendant ces deux ans-là, pour les mettre à profit,
Je veux faire avec vous mon cours d'indépendance.
Du véritable bien comme elle est la science,
Vous viendrez chaque jour m'en donner des leçons ;
Et je veux par vous-même en être instruite à fond.

ÉRASTE.

C'est un piége nouveau que vous voulez me tendre.
Au premier entretien, mon cœur penche à se rendre.
Vous parlant tous les jours, pourra-t-il résister ?

LUCINDE.

Je vous jure, sur lui, de ne point attenter.
Par la liberté...

ÉRASTE.

Non : je le perdrais moi-même,
En voulant près de vous établir son système.

LUCINDE.

Ne craignez rien.

ÉRASTE.

Je sens, et je vois le danger.

LUCINDE.

Ce péril prétendu, je dois le partager.
Si pour la liberté vous craignez, moi je tremble.
Pour soutenir ses droits unissons-nous ensemble.
Déridez votre front ; un peu plus de gaîté.
Sur ce pied voulez-vous accepter le traité ?

ÉRASTE.   [faites.

Tout le risque est pour moi dans l'accord que vous

Vous ne hasardez rien, de l'humeur dont vous êtes.

LUCINDE.

Vous-même du danger vous êtes à l'abri,
Grâce à l'éloignement dont vous êtes rempli.
Ne me refusez pas un bien que je souhaite,
Et pour la liberté formez une sujette
Qui ne vous fera pas sûrement déshonneur.

ÉRASTE.

Malgré moi je me rends à votre vive ardeur :
Mais à condition, pour calmer mes alarmes,
Que vous tempérerez le brillant de vos charmes
Dans les instructions que je vous donnerai.

LUCINDE.

Ce n'est qu'en négligé que je vous recevrai.

ÉRASTE.

Ma liberté redoute, en cette conjoncture,
L'éclat de la personne, et non de la parure.
Vous ornez l'art vous-même. Ainsi mettez vos soins
A prendre un air surtout qui m'intéresse moins.

LUCINDE.

Oui, je vous le promets.

ÉRASTE.

        Pour raisons plus pressantes,
Je rendrai mes leçons courtes et peu fréquentes.

LUCINDE.

Commençons. Donnez-moi la première à présent.
Quel est le vrai devoir d'un cœur indépendant?

ÉRASTE.

De fuir ce qui le gêne, et tout ce qui l'ennuie.

LUCINDE.

Sa règle?

ÉRASTE.

     Son repos.

LUCINDE.

    Sa loi?

ÉRASTE.

        Sa fantaisie.

LUCINDE.

Oh! le mien, pour le coup, est dans son élément.

ÉRASTE.

On doit suivre son goût comme un amusement.
Mais dès qu'il prend racine, et sitôt qu'il attache,
Comme un poison du cœur il faut qu'on l'en arrache.
Il faut...

LUCINDE.

Continuez, j'écoute avidement.

ÉRASTE.

Oui, mais vous regardez un peu trop fixement.

LUCINDE.

L'attention le veut, et le désir d'apprendre...

ÉRASTE.

Vos yeux sont si brillants, leur regard est si tendre,
Qu'en les fixant sur moi, les miens sont éblouis,
Et que je ne sais plus enfin ce que je dis.
A vos conditions c'est porter une atteinte.

LUCINDE.

Pour que vous n'ayez plus à me faire de plainte,
Eh bien ! je vais baisser les yeux modestement,
Quand vous me parlerez. Suis-je bien maintenant ?

ÉRASTE.

Un souris fin échappe encore à votre bouche,
Qui, contraire à l'accord, trop vivement me touche.

LUCINDE.

Oh ! mon maître devient trop sévère aujourd'hui.
On ne peut regarder ni sourire avec lui.
Rendez-vous, je vous prie, un peu plus doux à vivre.

ÉRASTE.

Pardon ; mais je me sens hors d'état de poursuivre.
Je ne sais plus de quoi nous venons de parler.

LUCINDE.

Attendez, mon esprit va vous le rappeler.
Vous me parliez, je crois, du goût qui nous attache.

ÉRASTE.

Voilà ce que je crains, et cette peur m'arrache
D'auprès de vous.

LUCINDE.

Restez.

ÉRASTE.

              Non : je vous dis adieu.

LUCINDE.

Encore un mot avant de sortir de ce lieu.

ÉRASTE, reculant toujours.

Doucement. Vous allez contre notre système.
Se parler quand on veut, et se quitter de même,
Est la première loi qu'enjoint la liberté.
Si vous me retenez, vous rompez le traité ;
Et vous tyrannisez vous-même votre maître.

LUCINDE.

Soit. Je vous laisse aller. Mais vous fuirez peut-être.
Promettez de rester, et point de trahison.

ÉRASTE, en fuyant.

Je reviendrai, d'honneur, finir notre leçon.

ACTE TROISIÈME

SCÈNE I

ORONTE, LÉANDRE.

ORONTE.

Oui, j'ai fait un effort sur ta lettre pressante :
J'arrive ici malgré ma santé languissante.

LÉANDRE.

Cet excès de bonté me rend presque confus ;
Mon père...

ORONTE.

         Laissons là les discours superflus.
Quel sujet en ces lieux demande ma présence ?
Dis, parle ; il faut qu'il soit d'une grande importance,
Pour m'écrire en ce jour comme tu m'as écrit ;
Et des termes si forts...

LÉANDRE.
Il l'est, sans contredit,
Puisqu'il doit décider du bonheur de ma vie.
ORONTE.
Mon fils, par ce discours, tu redoubles l'envie
Que j'ai de le savoir.
LÉANDRE.
Je ne puis m'expliquer
Que devant Éliante.
ORONTE.
Eh! bon, c'est se moquer.
LÉANDRE.
Excusez; mais elle est un témoin nécessaire;
Et je vais là-dessus la prévenir, mon père,
ORONTE.
N'est-ce pas quelque trait d'extravagance?
LÉANDRE.
Non :
C'est plutôt, je vous jure, un effort de raison.
ORONTE.
De raison! de ta part?
LÉANDRE.
Oui, je veux vous surprendre.
Dans votre appartement, où j'irai vous reprendre,
Allez vous reposer.
ORONTE.
Soit. Ne me trompe pas;
Ou crains de payer cher mon voyage et mes pas.

SCÈNE II

LÉANDRE.

La tante s'arme en vain d'un scrupule sévère;
Je compte en triompher par l'effort de mon père.
Voyons d'abord la nièce, et sachons le progrès
Qu'elle a fait sur Eraste. Il est pris, ou bien près.
Mais, avant de porter le coup que je projette,
Je veux voir de mes yeux son entière défaite.

SCÈNE III

LÉANDRE, FRONTIN.

LÉANDRE.

Que fait ton maître? dis.

FRONTIN.

          Lui-même n'en sait rien.
Mais vous le trahissez, et cela n'est pas bien.

LÉANDRE.

Je le sers bien plutôt de toute ma puissance.

FRONTIN.

Non; vous êtes jaloux de son indifférence :
Vous voulez la détruire.

LÉANDRE.

          On t'a payé, maraud,
Pour parler aussi mal.

FRONTIN.

          On me pendrait plutôt;
Je suis trop partisan de la douce paresse.

LÉANDRE.

Va, coquin, c'est le lot des gens de ton espèce.

FRONTIN.

Elle est aussi celui des plus honnêtes gens.

LÉANDRE.

On y laisse ramper des faquins sans talents,
Sans esprit comme toi, nés pour la nuit profonde.
Mais pour ton maître, en tout fait pour orner le monde,
C'est un meurtre; et je dois par raison arracher
Son mérite au repos qui semble le cacher.
On doit m'en tenir compte, on doit m'en rendre grâce.
C'est créer les talents que de les mettre en place.

SCÈNE IV

FRONTIN.

Ce discours-là me pique. Oh! parbleu, l'on verra
Qui sera le plus fin, et qui l'emportera.

SCÈNE V

ÉRASTE, FRONTIN.

FRONTIN.

Votre chaise, monsieur, attend depuis une heure.

ÉRASTE.

J'ai changé de dessein, Frontin, et je demeure.

FRONTIN.

Ah! gardez-vous-en bien. Je dois vous avertir
Que de ces lieux, pour cause, il est bon de partir.

ÉRASTE.

Apprends-m'en la raison.

FRONTIN.

Puisqu'il faut vous la dire
Contre votre repos tout le monde y conspire.
D'une chaîne éternelle on prétend vous lier.
Lucinde veut avoir cet honneur singulier.

ÉRASTE.

Non : Lucinde plutôt fuit l'hymen elle-même.
Je sais ses sentiments : elle suit mon système;
Et dans la liberté, pour affermir son cœur,
Moi-même je l'instruis, et suis son précepteur.

FRONTIN.

Son écolier plutôt; vous en êtes la dupe.
On vous trompe. Je plains l'erreur qui vous occupe
Tous pour vous marier se sont donné lè mot.
On voulait, qui plus est, me mettre du complot.

ÉRASTE.

Qui? toi !

FRONTIN.

Moi. Ce n'est pas un conte que je forge.
Marton, monsieur, Marton, la bourse sur la gorge,
A voulu me séduire, et surprendre ma foi.
Elle aurait triomphé d'un autre que de moi :
Mais vous me connaissez, je suis incorruptible.

ÉRASTE.

Ta main a refusé l'argent? est-il possible?

FRONTIN.

Non : je l'ai pris, monsieur ; mais protestant tout haut
Que je vous presserais de partir au plus tôt.
A tenir mon serment je suis garçon fidèle ;
J'en crois mon intérêt, mais sans trahir mon zèle.

ÉRASTE.

Lucinde ne doit pas sitôt prendre un mari.
La noce est différée.

FRONTIN.

On la fait aujourd'hui.
Je ne débite pas une fausse nouvelle.
On y travaille à force ; et des filles comme elle
On ne prépare pas l'hymen impunément.
Il lui faut un époux ce soir absolument.
Léandre, qui veut fuir ce nœud qui le menace,
Tâche secrètement de vous mettre à sa place.
Si vous n'y prenez garde, il y réussira :
Lucinde le seconde, et s'en flatte déjà.

ÉRASTE.

Lucinde ?

FRONTIN.

Oui, j'en suis sûr : c'est un tour effroyable.
Une jeune héritière, et riche autant qu'aimable,
Veut que de tant de bien vous soyez possesseur,
Et cette même nuit ! Quel chagrin ! quelle horreur !

ÉRASTE.

Tu peins cette disgrâce et cette perfidie
Avec des traits, Frontin, qui m'en donnent envie.

FRONTIN.

Je suis bien maladroit. Ce n'est pas mon désir.

ÉRASTE.

En formant ce lien, ce qui me fait frémir,
C'est qu'il faut avec lui subir vingt autres chaînes.
Des amis importuns viendront combler mes peines.
D'une charge leur main voudra me décorer ;
En me désespérant, ils croiront m'honorer,
Disant qu'il faut un rang, que c'est par là qu'on brille.

FRONTIN.

Ajoutez à cela des procès de famille,

C'est un tissu de soins qui ne finiront pas.

ÉRASTE.

Je ne balance plus : viens; partons de ce pas.
Je n'ai que cet instant pour éviter l'orage.
Sauvons ma liberté prête à faire naufrage.

FRONTIN.

Oui, Frontin, comme vous, est pour le célibat.
Vive, pour être heureux, un homme sans état,
Qui, toujours satisfait, sans procès, sans tendresse,
Sans femme, sans emploi, sans maître ni maîtresse,
Exempt de créanciers, de soin et de devoir,
Se lève le matin pour se coucher le soir.

ÉRASTE.

Je ne veux pas ici m'arrêter davantage.
De Lucinde surtout je dois fuir le visage :
Contre lui ma raison est un faible soutien ;
Et si je la revois, je ne réponds de rien.

FRONTIN.

On vient : fuyons; c'est elle.

ÉRASTE.

Ah ! Frontin, je l'ai vue :
Il n'est plus temps.

FRONTIN.

J'enrage, et ma peine est perdue.

SCÈNE VI

LUCINDE, ÉRASTE.

LUCINDE.

Éraste, je vous cherche.

ÉRASTE.

Et je ne vous fuis pas,
Malgré tout le danger de revoir vos appas.

LUCINDE.

Marton vient de m'apprendre un secret qui m'enchante;
Léandre est amoureux.

ÉRASTE.

De vous?

LUCINDE.

Non, de ma tante.
Il aspire à sa main : puisse-t-il l'épouser !
Mon transport...

ÉRASTE.

Le dépit pourrait bien le causer.

LUCINDE.

Non, ma joie est sincère, et doit faire la vôtre :
Nous en serons, monsieur, plus libres l'un et l'autre.

ÉRASTE.

Moi, je le serai moins ; rien ne me retenant,
Il faut que je vous aime indispensablement.

LUCINDE.

Je vous l'ai déjà dit, je crains peu la menace :
Votre cœur n'oserait...

ÉRASTE.

Il aura cette audace :
Le moindre mot flatteur lui fait franchir le pas,
Je vous en avertis, ne vous y jouez pas.

LUCINDE.

Mais le respect suivra votre flamme naissante.

ÉRASTE.

Oui.

LUCINDE.

S'il est vrai, ce pas n'a rien qui m'épouvante.
Eraste, vous pouvez le franchir hardiment ;
Et c'est sans badiner que je parle à présent.
L'amour respectueux flatte plus qu'il n'irrite,
Et peut tout espérer, aidé d'un vrai mérite.

ÉRASTE.

Vous changeriez de ton, si vous me connaissiez ;
Loin d'écouter mes vœux, vous les rejetteriez.
Sachez que mon amour sera d'un caractère
Qui va vous effrayer ; je dois être sincère :
Ce feu, né malgré moi, va vous désespérer :
Je vais dans mes transports, je vais... vous adorer.

LUCINDE.

Adorez : en amour l'excès jamais n'offense.

ÉRASTE.

Ma flamme ira pour vous jusqu'à l'extravagance.

LUCINDE.

Ah ! vous flattez mon cœur par l'endroit le plus doux.

ÉRASTE.

Attendez-vous sans cesse aux accès les plus fous.

LUCINDE.

Bon ! je suis pour l'amour qui tient de la manie :
Quand on m'aime, je veux qu'on m'aime à la folie,
Et que l'on extravague.

ÉRASTE.

Eh bien ! en ce cas-là,
Vos vœux seront remplis. J'extravague déjà ;
Je vais être constant au point d'être incommode.

LUCINDE.

Quoi! vous serez fidèle en dépit de la mode?
Que vous redoublerez mon estime pour vous !

ÉRASTE.

Pour comble de tourment, mon cœur sera jaloux.

LUCINDE.

Jaloux ?

ÉRASTE.

A la fureur.

LUCINDE.

Ma joie est incroyable,
Et ce trait à mes yeux va vous rendre adorable.
La jalousie, Eraste, est le sel de l'amour ;
Il est fade sans elle, et n'a qu'un froid retour.
Elle en est, qui plus est, la preuve convaincante.
Il faut qu'elle soit même injuste, extravagante :
Celle qui ne l'est pas est digne de mépris.
Plus elle est mal fondée, et plus elle a de prix.

SCÈNE VII

ÉRASTE, LUCINDE, MARTON, FRONTIN.

MARTON, à Lucinde.

Tout est perdu ; je viens, la tristesse dans l'âme,

Je viens pour vous chercher de la part de madame.

LUCINDE.

Pourquoi ?

MARTON.

Mademoiselle, on n'attend plus que vous ;
Léandre, sans délai, va se voir votre époux.
Son père est arrivé tout exprès pour conclure ;
Madame du contrat presse la signature.

ÉRASTE.

Quelle nouvelle ! ô ciel ! elle glace mes sens.

LUCINDE.

Toute ma joie expire à ces mots foudroyants.
Quelle noce fatale !

ÉRASTE.

Ah ! votre effroi me charme.
Léandre vous déplaît, puisqu'elle vous alarme :
Voilà ce qu'en secret je brûlais de savoir.

LUCINDE.

Et voilà ce qui fait mon juste désespoir.

ÉRASTE.

Pour rompre ce lien que votre âme redoute,
Parlez, j'oserai tout, quelque effort qu'il m'en coûte.

LUCINDE.

Ce serait m'affranchir d'un supplice cruel.

ÉRASTE.

Quel moyen employer ?

MARTON.

Mais un très-naturel.
Vous avez pour Lucinde une estime très-grande ;
A sa tante, monsieur, faites-en la demande ;
A votre empressement on pourra l'accorder,
Si Léandre surtout daigne vous seconder.

FRONTIN, bas à Éraste.

Fuyez plutôt ; prenez vers Paris votre course,
Ou vous êtes perdu sans espoir de ressource.

MARTON.

Le mariage au fond est ce qu'on veut qu'il soit.
Dans le monde, monsieur, tous les jours on le voit,
Son joug est si léger qu'on le porte sans peine ;

Il autorise même une liberté pleine ;
Et du ton, en un mot, dont on vit à présent,
C'est de tous les états le plus indépendant.

LUCINDE.

Je me consolerais si j'allais être unie
Au destin d'un époux dont je serais chérie.

ÉRASTE.

Si l'ardeur d'un amant qui n'adore que vous
Peut avoir cette gloire, il est à vos genoux.

MARTON.

Pour le coup l'y voilà.

FRONTIN, à Éraste.

Quel est votre délire !
Que faites-vous, monsieur ?

ÉRASTE.

Ce que l'amour m'inspire.

LUCINDE.

Quoi ! l'hymen n'a plus rien d'effrayant à vos yeux?

ÉRASTE.

Non ; j'attends de lui seul mon bonheur précieux :
Votre frayeur pour lui...

LUCINDE.

Diminue : et sa chaîne,
Partagée avec vous, me fera moins de peine.

ÉRASTE.

Ces mots comblent mes vœux et passent mon espoir.

MARTON.

Je suis charmée.

FRONTIN.

Et moi, je suis au désespoir.

SCÈNE VIII

LÉANDRE, ÉRASTE, LUCINDE, MARTON,
FRONTIN.

LÉANDRE.

Que vois-je ! quel coup d'œil ! l'attitude est charmante !

(A Éraste.)

Non ; demeure à ses pieds ; ce spectacle m'enchante ;
C'est où je te voulais pour ta gloire et mon bien.

ÉRASTE.

S'il tient à ma défaite, il n'y manque plus rien.

LÉANDRE.

Hem ! tu ne pars donc plus ?

ÉRASTE.

Non ; je t'en remercie ;
Je te dois et ma joie et mon être et ma vie.

LÉANDRE.

Ta fière indépendance avec ta liberté
N'est donc plus un trésor par toi si regretté ?

ÉRASTE.

Non. J'étais insensé ; quelle folie extrême
De mettre son bonheur dans un si faux système !
Eh ! peut-on être heureux quand l'âme ne sent rien ?
C'est dans le sentiment qu'est le souverain bien.
Oui, c'est lui seul qui touche, intéresse, remue,
Qui fait passer du cœur son charme dans la vue ;
L'amour en est le père, il peut seul l'animer ;
Et pour savoir sentir il faut savoir aimer.

LÉANDRE.

Je suis...

MARTON.

Vous oubliez que le péril vous presse,
Et que, pour vous unir, madame attend sa nièce.

ÉRASTE.

Une juste frayeur succède à mon transport !
Eliante et ton père...

LÉANDRE.

A présent je suis fort.
N'appréhende plus rien ni de l'un ni de l'autre.

ÉRASTE.

Ton hymen...

LÉANDRE.

Je le romps pour conclure le vôtre.
Du succès, mes amis, je ne dois plus douter,
Eliante... Elle vient.

ÉRASTE.

Je vais me présenter.

LÉANDRE.

Modère un peu l'ardeur qui de ton cœur s'empare.
Il faut qu'à ton aveu mon esprit la prépare.
Eloignez-vous tous deux pendant quelques instants ;
Et vous reparaîtrez quand il en sera temps.
A mon père, Marton, va, dis, sans plus attendre,
Qu'il est ici par moi supplié de se rendre.

SCÈNE IX

ÉLIANTE, LÉANDRE.

ÉLIANTE.

Votre père, monsieur, qui vient de me parler,
M'a dit que votre cœur devait lui révéler
Un secret devant moi d'une importance extrême.
Quel est donc ce secret qui m'étonne moi-même,
Et suspend le contrat que mon ordre a pressée,
Quand on doit le signer et qu'il est tout dressé ?

LÉANDRE.

J'ai pris ici tantôt soin de vous en instruire.

ÉLIANTE.

Il m'est donc échappé. Daignez me le redire.

LÉANDRE.

Volontiers. Je me plais à vous le répéter.
C'est mon ardeur pour vous, que rien ne peut dompter.

ÉLIANTE.

Rappelez-vous, monsieur, que je l'ai condamnée,
Que par bonté pour vous, je vous l'ai pardonnée,
Et qu'un pareil secret doit être enseveli.

LÉANDRE.

Non, mes feux sont trop beaux pour rester dans l'oubli.
Cet amour est ardent autant qu'il est sincère ;
Et je veux qu'il éclate en présence d'un père.

ÉLIANTE.

Ah ! je vous le défends.

LÉANDRE.
Je ne puis obéir.
Pour le lui déclarer, je l'ai fait avertir.

ÉLIANTE.
Pouvez-vous à ce point porter l'extravagance!

LÉANDRE.
Je fais plutôt par là, je fais voir ma prudence ;
Et mes désirs sont tels, qu'il les approuvera,
Et qu'à me rendre heureux il vous engagera.
Il s'avance. Et je vais...

ÉLIANTE.
Arrêtez; je vous prie :
A quoi m'expose ici sa folle étourderie !

SCÈNE X

ORONTE, LÉANDRE, ÉLIANTE.

LÉANDRE.
Mon père, soyez juge entre madame et moi.

ORONTE.
De quoi s'agit-il donc? Mon fils, explique-toi.

LÉANDRE.
Pour elle dans ce jour mon âme est pénétrée...

ÉLIANTE.
Non, ne le croyez pas. Sa raison égarée...

LÉANDRE.
Mon père, dans mes vœux vous devez m'approuver.
Ma raison est très-saine; et pour vous le prouver,
De la plus vive ardeur je brûle pour madame;
Et cette passion tient si fort à mon âme,
Qu'on ne peut l'en tirer sans m'arracher le jour.
Doit-elle s'offenser d'un si parfait amour?

ORONTE.
Je suis surpris! Comment! tu n'aimes pas sa nièce?

LÉANDRE.
Un autre la recherche, un autre a sa tendresse :
Et madame est plutôt le choix qui me convient.

ÉLIANTE, à Oronte.

N'écoutez pas, monsieur, les discours qu'il vous tient.

ORONTE.

Pardon, mais je fais plus, j'y donne mon suffrage.
Je n'aurais jamais cru que mon fils fût si sage.

ÉLIANTE.

Vous l'approuvez, monsieur?

ORONTE.

           Madame, tout à fait.
Il ne pouvait jamais faire un choix si parfait.
Son amour trouve en vous esprit, beauté, sagesse;
Tout ce qui peut flatter et fixer sa jeunesse.

LÉANDRE.

Vous l'entendez, madame. Ah! quel père charmant!
J'étais bien sûr d'avoir son applaudissement

ÉLIANTE.

A Léandre, monsieur, Lucinde est destinée.

LÉANDRE.

Éraste peut lui seul la rendre fortunée.

ORONTE.

Éraste est digne d'elle.

LÉANDRE.

      Il l'aime.

ÉLIANTE.

           Il n'en est rien.
Pour croire ce prodige, on le connaît trop bien.

LÉANDRE.

Posséder votre nièce est le bien qu'il désire.
Lui-même, qui paraît, peut mieux vous en instruire.

SCÈNE XI

ÉRASTE, ORONTE, LÉANDRE, ÉLIANTE,
LUCINDE, MARTON, FRONTIN.

ÉRASTE.

Oui, mon bonheur dépend d'être votre neveu.
Jugez de mon amour, puisqu'il fait cet aveu.

ÉLIANTE.

Il m'étonne en effet! Que ma nièce prononce,
Mon sentiment sera conforme à sa réponse.

ORONTE.

Elle doit le choisir; mais à condition
Que pour mieux cimenter cette heureuse union,
Il va prendre une charge, et remplir son mérite.
L'Etat y doit gagner, et tout l'en sollicite.

ÉRASTE.

Pour obtenir sa main, à tout je me soumets.

LÉANDRE, à Lucinde.

La France vous sera redevable à jamais.

ÉLIANTE, à Lucinde.

Acceptez-vous monsieur? Rompez donc ce silence,
Répondez.

LUCINDE.

Ma tante... Oui, pour le bien de la France.

LÉANDRE, à Éliante.

Ce miracle, pourtant, c'est moi qui l'ai produit;
De cette tête folle il est le sage fruit.
J'attends de cet effort la juste récompense.
Elle est en votre main. Votre âme encor balance?
Mais vous ne pouvez plus reculer mon bonheur.
Mon père, mon amour, tout parle en ma faveur.

ORONTE, à Éliante.

Formez ce double nœud.

ÉLIANTE.

Le puis-je avec décence?
La raison...

LÉANDRE.

Est pour moi.

ÉLIANTE.

Le peu de convenance...

ORONTE.

La différence d'âge est faible entre vous deux.

ÉLIANTE.

Et d'un second hymen le ridicule affreux.

LÉANDRE.

D'une humeur trop sévère, oh ! vous donnez des preuves.

Je vous demande grâce, au nom de tant de veuves...

ORONTE.

Sans vous qui l'arrêtez, mon fils va se perdre.

LÉANDRE.

Oui.

ORONTE.

Je vous supplie en père, et vous presse en ami.

LÉANDRE.

Joignez-vous tous à moi.

LUCINDE.

Pour éviter ce blâme,

Ma tante, rendez-vous.

MARTON, ÉRASTE, FRONTIN.

Rendez-vous donc, madame.

ÉLIANTE.

Vous donnez tous l'alarme à mon cœur agité.

LÉANDRE.

Madame, épousez-moi par générosité.

ORONTE.

Rien ne peut le sauver que votre main offerte.

ÉLIANTE.

Je la lui donne donc, pour éviter sa perte.

LÉANDRE.

Vous y venez pourtant ! en vain vous résistiez.
Je vous l'avais bien dit que vous m'épouseriez.

FIN

L'ÉPOUX PAR SUPERCHERIE

PERSONNAGES.

LE MARQUIS D'ORVILLE, mari
   secret d'Émilie.
MILORD BELFORT, cru mari
   d'Émilie.

ÉMILIE.
CONSTANCE, cousine d'Émilie.
LA FLEUR, valet du marquis.

(La scène est en Angleterre, à la campagne, chez Belfort.)

ACTE PREMIER

—

SCÈNE I

LE MARQUIS, LA FLEUR.

LA FLEUR.

J'ai tremblé pour vos jours ; et mon âme est ravie
De vous voir réchappé de votre maladie :
Votre santé, monsieur, va reprendre son cours.

LE MARQUIS.

Je me porte assez bien, depuis sept ou huit jours,
A quelques vapeurs près qui me livrent la guerre.

LA FLEUR.

C'est l'effet du brouillard qui règne en Angleterre ·
J'en ai senti l'atteinte en arrivant ici ;
Une de ces vapeurs ce matin m'a saisi.

LE MARQUIS.

Va, dans tous les climats on ressent leur puissance,
Les plus folles souvent font leur séjour en France;
Et les sages en sont attaqués les premiers.
Mais changeons de sujet.

LA FLEUR.
Monsieur, très-volontiers,

LE MARQUIS.
Dis, quel sujet t'amène ?

LA FLEUR.
Un de grande importance,
Qui demande, monsieur, votre convalescence ;
Votre père, n'ayant que vous seul d'héritier,
Vous rappelle.

LE MARQUIS.
Et pourquoi ?

LA FLEUR.
C'est pour vous marier.

LE MARQUIS.
Ah ciel !

LA FLEUR.
Frémissez moins d'une telle nouvelle.
Celle qu'il vous destine est jeune, riche et belle.

LE MARQUIS.
L'ordre est-il si pressant ?

LA FLEUR.
Oui, vite, embarquons-nous.
Pour la cérémonie on n'attend plus que vous.

LE MARQUIS.
On m'attendra longtemps. Quel contre-temps horrible !

LA FLEUR.
Cet hymen cependant...

LE MARQUIS.
Est l'hymen impossible.

LA FLEUR.
Impossible, monsieur ! ce discours me surprend.
N'êtes-vous pas garçon ? libre, par conséquent ?

LE MARQUIS.
Non, je le suis plus, puisqu'il faut te le dire.
Mon embarras est tel qu'il ne peut se décrire.

LA FLEUR.
J'étais d'abord surpris ; je deviens effrayé.
Vous êtes donc...

LE MARQUIS.
Je suis secrètement lié.

LAFLEUR.
J'entends ; monsieur a fait le choix d'une compagne
Sans l'aveu de son père ?

LE MARQUIS.
Oui, dans cette campagne,
Et depuis quatre jours j'ai contracté ces nœuds.

LA FLEUR.
Si je n'appréhendais d'être trop curieux,
Je vous demanderais son nom.

LE MARQUIS.
C'est Émilie.

LA FLEUR.
L'épouse du milord ! C'est par plaisanterie.

LE MARQUIS.
Point. Je suis son mari, quoiqu'un autre ait ce nom.

LA FLEUR.
Est-ce une vapeur, la, qui vous offusque ?

LE MARQUIS.
Non.
J'ai l'esprit sans nuage ; et, pour preuve sincère,
Je vais te dévoiler le fond de ce mystère.
La cruelle langueur dont j'ai pensé mourir,
Qu'aucun art ne pouvait connaître ni guérir,
L'amour en était seul l'origine secrète ;
Et de lui dépendait ma guérison parfaite.
Que dis-je ? Je la dois aux bontés de Belfort.
Je ne puis rappeler ce trait qu'avec transport.
S'il se dit mon ami, c'est bien à juste titre.
Apprends que de mes jours il était seul l'arbitre ;
Ses soins pour les sauver ont tout sacrifié.
Si je respire encor, c'est grâce à l'amitié.

LA FLEUR.
Déjà, par ce début, mon âme est attendrie.

LE MARQUIS.
Dans le temps que Belfort recherchait Emilie,
Je la vis ; mais à peine un regard me frappa,
Qu'elle embrasa mon cœur, et qu'il l'idolâtra.

Mon ardeur, en naissant, condamnée au silence,
S'accrut par la contrainte ; et cette violence
Me conduisit bientôt aux portes du trépas.
Mon ami, désolé, me serrant dans ses bras,
Me conjure instamment de parler et de vivre ;
Me dit que si je meurs, il est prêt de me suivre.
Ses yeux, plus éclairés que ceux du médecin,
Pénètrent que mon mal vient d'un feu clandestin,
Et sa vive amitié tourne si bien mon âme,
Qu'il arrache l'aveu de ma secrète flamme.
« Vivez ! s'écria-t-il, vivez, mon cher marquis ;
« Je vous cède l'objet dont vous êtes épris.
« L'amitié, sans effort, vous fait ce sacrifice.
« Emilie est aimable, et je lui rends justice ;
« Mais j'admire ses traits, sans en être touché. »
Du tombeau, par ces mots, je me vis arraché.

LA FLEUR.

Voilà ce qu'on appelle un ami véritable.

LE MARQUIS.

Un obstacle cruel, et presque insurmontable,
Arrête cependant son dessein généreux.
Prêts à l'exécuter, nous sentons tous les deux
Qu'aux mains d'un étranger la mère d'Emilie
Ne livrera jamais une fille chérie,
L'objet de tous ses soins, et son unique espoir ;
Elle qui met sa joie au plaisir de la voir.
Que fait Belfort? Le jour que l'hymen se prépare,
Son esprit imagine un moyen fou, bizarre ;
Mais le seul qui pouvait causer ma guérison.
Il gagne le notaire, et, sous mon propre nom,
Fait dresser le contrat, et, par ce stratagème,
Feignant d'être témoin, je signe pour moi-même.

LA FLEUR.

Voilà qui va fort bien. Le trait est sans égal.
Mais il n'a pas suffi pour guérir votre mal.
Le soir...

LE MARQUIS.

Tout succéda parfaitement. La suite...

LA FLEUR.

Je crois la deviner ; et je vous félicite.
Ah! le joli roman! Pour le rendre parfait,
N'est-il pas vrai? milord, en confident discret,
Se retire sans bruit, trompant le domestique,
Après s'être saisi de la lumière unique
Qu'il avait fait laisser dans son appartement.
Crac, vous prenez, monsieur, sa place doucement ;
Et, sous le voile heureux de la nuit favorable,
Vous devenez l'époux de cette dame aimable?
Hem? n'est-ce pas ainsi que le tout s'arrangea ?

LE MARQUIS.

Oui ; comme tu le dis la chose se passa.

LA FLEUR.

Mais, avec de l'esprit, on compose une histoire.

LE MARQUIS.

C'est une vérité.

LA FLEUR.

Que je ne saurais croire.

LE MARQUIS.

Faut-il te l'attester par le plus fort serment?

LA FLEUR.

Madame est du secret, monsieur, apparemment?

LE MARQUIS.

Ma femme n'en sait rien ; je n'ose l'en instruire.

LA FLEUR, à part.

Je pense, pour le coup, qu'il est dans le délire.

LE MARQUIS.

Que la foudre à tes yeux m'écrase, si je mens !

LA FLEUR, à part.

Oh ! voilà les vapeurs qui troublent son bon sens.
Par les discours qu'il tient, la chose est avérée,
Et je n'en doute plus, à sa vue égarée.

LE MARQUIS.

Tu vois qu'en ce pays tout m'oblige à rester.

LA FLEUR.

Tout vous fait un devoir, monsieur, de le quitter.

LE MARQUIS.

Plutôt que j'abandonne une épouse que j'aime,

Il n'est point de parti, ni de moyen extrême,
Que mon cœur ne soit prêt d'embrasser dans ce jour.
Tu dois dans ce dessein seconder mon amour.

LA FLEUR.

Sortons d'un lieu fatal, et courons en Provence,
Ou vers le Languedoc volons en diligence,
Pour chasser l'humeur noire où vos sens sont plongés.

LE MARQUIS.

Tais-toi ; tes seuls propos la font naître.

LA FLEUR.

Songez...

LE MARQUIS.

Songe, songe toi-même à respecter ma flamme.

LA FLEUR, à part.

Gardons de l'obstiner, j'irriterais son âme,
Et ne ferais qu'aigrir son mal encor plus fort.

LE MARQUIS.

Il faut, sans perdre temps, que je parle à Belfort,
Que je règle avec lui... Je le vois qui s'avance,
Laisse-nous ; et surtout garde bien le silence.

LA FLEUR, à part, en s'en allant.

C'est de sa maladie un effet trop certain.
Quel assaut pour son père ! Il mourra de chagrin.

SCÈNE II

BELFORT, LE MARQUIS.

BELFORT.

Eh bien ! quelle nouvelle as-tu reçu de France ?
Ton père...

LE MARQUIS.

M'assassine ; il veut qu'en diligence
Je parte pour aller épouser un parti
Que, sans me consulter, sa rigueur m'a choisi.
Juge de l'embarras où cet ordre me livre.
Comment parer ce coup ? Quel chemin dois-je suivre ?

BELFORT.

Mais prends, si tu m'en crois, dans cette extrémité,

Celui qui t'est prescrit par la nécessité.
Retourne en ton pays, et laisse-moi ta femme.
Son état ne doit pas inquiéter ton âme ;
Compte que j'en aurai le même soin que toi.
J'ai le titre d'époux, j'en remplirai l'emploi.

LE MARQUIS.

Épargne ton ami ; laisse le badinage.

BELFORT.

Mais fais donc éclater ton secret mariage.

LE MARQUIS.

Ah ! voilà le parti que choisira mon cœur ;
Mais il craint, en parlant, d'exposer son bonheur.
Je vois de tous côtés une affreuse tempête.
De ma femme d'abord la famille m'arrête.
Ce nœud va lui paraître un outrage mortel :
Elle me poursuivra peut-être en criminel.

BELFORT.

Je suis le plus coupable ; et sur moi tout l'orage...

LE MARQUIS.

Cette crainte pour toi me retient davantage.
Émilie elle-même intimide mes sens ;
Je la redoute, ami, plus que tous ses parents.
Si je fais cet aveu, je crains avec justice,
Je crains qu'il ne l'offense, et qu'elle ne rougisse
De me voir possesseur d'un bien que j'ai surpris.
Son indignation en deviendra le prix.
Elle va me haïr,

BELFORT.

On excuse une audace
Que l'amour a causée, et que l'hymen efface.
D'Orville, à cet égard, dissipe ton effroi.
Si son cœur doit haïr quelqu'un, ce sera moi.
Choisi pour son époux, j'ai cédé sa personne,
Voilà ce que jamais le sexe ne pardonne.
Il vaut mieux près de lui manquer de probité,
Outrager sa vertu, qu'offenser sa fierté.

LE MARQUIS.

Il faut donc me résoudre à rompre le silence.
Mais par délicatesse encore je balance ;

Et je voudrais, avant de la tirer d'erreur,
Je voudrais par degré m'assurer de son cœur.
Je crains qu'elle ne t'aime.

BELFORT.

> On est assez aimable

Pour lui plaire en effet.

LE MARQUIS.

> Ma crainte est raisonnable.

BELFORT.

Ah! d'un plus juste soin tu te dois occuper,
Et ton premier devoir est de la détromper.
Plus tu laisses ta femme en cette erreur blâmable,
Et plus, à son égard, ton cœur se rend coupable.

LE MARQUIS.

Il est vrai. Faisons-lui cet aveu de moitié.
L'amour sera plus fort, aidé de l'amitié;
Car je n'aurai jamais, moi seul, cette assurance.

BELFORT.

Va, tu me fais pitié.

LE MARQUIS.

> Je tremble, plus j'y pense.

BELFORT.

Quel cœur pusillanime! Et quel mari poltron!

LE MARQUIS.

Il n'en fut jamais un dans ma position.
Tu dois, toi qui le sais, excuser mes alarmes :
D'Emilie, il est vrai, je possède les charmes ;
Je jouis, comme époux, du plus heureux succès ;
Mais, milord, comme amant, je n'ai fait nul progrès
Et j'ignore comment on prendra mon hommage.
J'en suis, pour ainsi dire, à mon apprentissage.
Tes raisons cependant l'emportent sur ma peur,
Et je vais, de ce pas, lui découvrir mon cœur.
J'entends du bruit. C'est elle. Ah! ma frayeur redouble.
Ne m'abandonne pas ; soutiens-moi dans mon trouble.

BELFORT.

Bon! personne ne vient, tu te moques de moi.
Je suis embarrassé dans le fond plus que toi.
J'aime en secret aussi.

LE MARQUIS.
> Comment? ton cœur soupire?

BELFORT.

Non; il brûle gaîment, quoiqu'il n'ose le dire.

LE MARQUIS.

Quel est l'objet caché...?

BELFORT.
> La parente...

LE MARQUIS.
> De qui?

BELFORT.

Ne devines-tu pas?

LE MARQUIS.
> Est-ce d'Emilie?

BELFORT.
> Oui.

Tu me protégeras, puisqu'elle est ta cousine.
Constance est enjouée, et j'ai l'humeur badine.
Nos deux cœurs sont unis déjà par la gaîté.
Mais, parle, si tu veux que je sois écouté.
Découvrir ton état, c'est me servir moi-même.
J'attends qu'il soit connu pour avouer que j'aime.

LE MARQUIS.

Cette raison suffit pour m'enhardir. Va-t-en.
Ma femme, pour le coup, paraît... Demeure, attends...
Je tremble à son aspect.

BELFORT.
> Adieu, je me retire.

(A part.)
Sa situation est neuve, et me fait rire.

SCÈNE III

ÉMILIE, BELFORT, LE MARQUIS.

ÉMILIE, à Belfort.

Quand j'entre, vous sortez?

BELFORT.
> Je m'en vais revenir.

D'Orville, en attendant, veut vous entretenir.

(Il sort en riant.)

SCÈNE IV

LE MARQUIS, ÉMILIE.

ÉMILIE.

A lui plaire j'ai beau mettre mon soin suprême,
Il m'évite toujours, et ricane de même.
Je suis apparemment ridicule à ses yeux?
De quatre jours d'hymen c'est l'effet merveilleux.

LE MARQUIS.

Madame, pouvez-vous concevoir cette idée?
Je dois, pour mon ami...

ÉMILIE.

Monsieur, elle est fondée.
Vos yeux sont les témoins de son mépris pour moi.

LE MARQUIS.

Son estime pour vous est parfaite; et je doi...

ÉMILIE.

S'il était vrai, monsieur, aurait-il ces manières?

LE MARQUIS.

Je conviens avec vous qu'elles sont singulières.
Mais ce tort apparent est pardonnable au fonds;
Il est même appuyé sur de fortes raisons.

ÉMILIE.

Des raisons! faites-moi l'honneur de m'en instruire.

LE MARQUIS.

Vous l'ordonnez? Je vais... Je crains de vous les dire.

ÉMILIE.

Vous craignez?

LE MARQUIS.

Ah! bien loin que vous m'intimidiez,
Madame, j'ai besoin que vous m'encouragiez.
De grâce, accordez-moi toute votre indulgence,
Ou je serai forcé de garder le silence.

ÉMILIE.

Mon époux, à ce compte, est donc bien criminel!

LE MARQUIS.

Pardonnez à l'amour, qui seul l'a rendu tel.

ÉMILIE.

Quoi ! Belfort aime ailleurs ?

LE MARQUIS.

Belfort le peut sans crime.

ÉMILIE.

Du grand monde voilà l'ordinaire maxime.
A vous en croire aussi, je devrais l'imiter.

LE MARQUIS.

Sans doute.

ÉMILIE.

Vous riez ?

LE MARQUIS.

Non. Daignez m'écouter.

ÉMILIE.

L'ami de mon époux lui-même me conseille...

LE MARQUIS.

Souffrez...

ÉMILIE.

A vos discours je ferme mon oreille.
Je ne m'étonne plus s'il fuit partout mes yeux.
Mais je dois étouffer un soupçon odieux.
Si Belfort m'a trompée, insultée, ou trahie,
J'aime mieux l'ignorer que d'en être éclaircie.
Je le haïrais trop, et je dois, par honneur,
Ecarter ce qui peut le noircir dans mon cœur

LE MARQUIS.

Craindre de le haïr ! Ah ! c'est l'aimer, madame.

ÉMILIE.

Je l'aime aussi.

LE MARQUIS.

Tant pis.

ÉMILIE.

Comment? monsieur me blâme
D'aimer mon mari ?

LE MARQUIS.

Non ; je le désire fort.

ÉMILIE.

Tout coupable qu'il est, je dois chérir Belfort.

LE MARQUIS.

Vous ne le devez pas.

ÉMILIE.

Vous changez de **langage**.

LE MARQUIS.

Je voudrais, et ne puis en dire davantage.

ÉMILIE.

Vous pâlissez, marquis! Vous trouveriez-vous mal?

LE MARQUIS.

Mais je ne suis pas bien.

(A part.)

Voilà le trait fatal

Que j'ai craint.

ÉMILIE.

C'est encore un reste de faiblesse.

LE MARQUIS.

Votre cousine vient, madame, et je vous laisse.

SCÈNE V

CONSTANCE, ÉMILIE.

CONSTANCE.

Que vois-je! Le marquis sort pâle et tout tremblant!
Vous-même, vous avez l'air triste et mécontent!

ÉMILIE.

La santé du marquis n'est pas bien rétablie :
Sa raison s'en ressent ; je la crois affaiblie.

CONSTANCE.

Vous n'aidez pas, je crois, à la fortifier.

ÉMILIE.

Sa conversation est d'un tour singulier.

CONSTANCE.

Les façons de milord le sont bien davantage.
Quoiqu'en santé parfaite, il n'en est pas plus **sage**.
Je crois, si je voulais, qu'il me ferait la **cour** :
Il me suit à toute heure.

ÉMILIE.
Et me fuit tout le jour.

CONSTANCE.
A ce qu'il me paraît, il ne se contraint guère ;
Sa conduite avec vous est surtout cavalière :
Trois jours après la noce, il vous néglige ainsi !
C'est prendre un peu trop tôt les airs d'un vrai mari,
Et vous avez sujet de paraître rêveuse.

ÉMILIE.
Je crains, à dire vrai, de n'être pas heureuse.

CONSTANCE.
Le marquis, à coup sûr, s'il était votre époux,
Serait plus empressé, plus attentif pour vous.
Il vous tient, milady, fidèle compagnie :
Loin d'en être jaloux, votre mari l'en prie.

ÉMILIE.
Il est vrai qu'on dirait, à les voir tous les deux,
Qu'ils sont, pour m'offenser, d'intelligence entre eux :
Belfort est infidèle, et je viens de l'apprendre.

CONSTANCE.
De qui donc ?

ÉMILIE.
Du marquis, qui me l'a fait entendre,
Mais d'un ton de complice, et d'un air interdit,
Comme un homme égaré qui ne sait ce qu'il dit,
Accablé sous le poids du crime qu'il confesse,
Au point qu'il était prêt à tomber en faiblesse,
Et qu'il m'a fait pitié, tant il était défait.

CONSTANCE.
Il avait à vous dire au fond plus d'un secret ;
Mais Belfort, qui vous trompe, est plus digne de blâme:
L'autre aspire du moins à consoler votre âme.
Mon sexe à de tels soins est toujours obligé ;
Il est doux d'être plaint, quand on est négligé.
Pour démêler chez vous un point que j'appréhende,
Puis-je dans ce moment vous faire une demande ?
Belfort est fait pour plaire et pour surprendre un cœur.
Parlez : l'aimeriez-vous d'une sincère ardeur ?

ÉMILIE.

Puisqu'il faut vous ouvrir mon âme avec franchise,
Je chéris mon époux, sans que j'en sois éprise ;
Mon orgueil est sensible à ses mépris choquants,
Mais mon cœur est tranquille, aussi bien que mes sens.

CONSTANCE.

Bon j'entends ; vous l'aimez par simple bienséance,
Et comme à la rigueur, dans cette circonstance,
Voilà ce qui pouvait vous arriver de mieux ;
Votre sort en ce cas est moins disgracieux.
Le grand point dans la vie, autant qu'on en est maître,
Est d'embellir l'état où le ciel nous fait naître.
Le tout, pour vivre heureux, dépend de s'arranger.
Il n'en est point, par là, qu'on ne puisse changer.
Vous pouvez, après tout, rendre le vôtre aimable ;
Vous n'avez qu'à saisir le côté favorable.
Milady, pour trancher les discours superflus,
Regardez votre époux comme s'il n'était plus,
Et vivez sur le pied d'une veuve à la mode
Qu'aucun soin ne retient, qu'aucun frein n'incommode ;
Qui toujours du plaisir suit les impressions,
Mais qui défend son cœur des grandes passions,
Et court, d'un pied léger, après les ris sans cesse,
Sans s'écarter jamais des lois de la sagesse.

EMILIE.

Je goûte ce conseil ; je peux suivre ce plan,
D'autant mieux que Belfort n'est jaloux, ni tyran.
Je paîrais son mépris et son peu de tendresse
D'un dédain décoré de froide politesse,
Telle que je l'aurais pour un homme inconnu.

CONSTANCE.

L'indifférence alors devient une vertu.

ÉMILIE.

Oui, je sens tout le prix d'une leçon si sage :
Pour commencer d'abord à la mettre en usage,
Le voilà qui revient, et je l'entends monter :
Je veux le prévenir, et sors pour l'éviter.
De me fuir le premier il n'aura pas la gloire :
La retraite pour moi devient une victoire.

SCÈNE VI

BELFORT, CONSTANCE.

BELFORT, à part.

La voilà, par bonheur, seule présentement.

(Haut.)

Parlons-lui. Ma cousine, arrêtez un moment ;
J'ai pour vous une lettre.

CONSTANCE.

Et de qui ? je vous prie.

BELFORT.

Ne vous alarmez pas. La mère d'Emilie
Vous l'écrit.

CONSTANCE.

C'est ma tante ? Ah ! donnez ce billet.
Milord me permet-il ?...

BELFORT.

Oui, milord vous permet.

(Constance lit bas.)

Comment donc ? en lisant la lettre d'une tante,
Vous riez, rougissez ? La chose est donc plaisante ?

CONSTANCE.

Vous allez en juger. On vient de me marquer
Que je dois sur-le-champ vous la communiquer.

(Elle donne la lettre à Belfort)

BELFORT lit.

« Il s'offre pour vous, ma nièce, un parti que je crois
« très-convenable. Milord Fauster, qui vous a vue
« chez moi, a pris pour vous une belle passion, et
« vous demande en mariage. Il est riche ; il vous aime.
« Voilà deux grandes qualité pour vous rendre heu-
« reuse, vous qui n'avez que la beauté pour dot et la
« jeunesse pour héritage. Milord, mon gendre, con-
« naît particulièrement ce vieux seigneur : montrez-
« lui ma lettre, et consultez le là-dessus. Je sais qu'il
« s'intéresse à vous, et je crois qu'il sera de mon
« avis. »

(A part.)
Je n'en suis point du tout.

CONSTANCE.

Eh bien ! sur cette affaire,
Que me conseillez-vous ? Parlez.

BELFORT.

De n'en rien faire.

CONSTANCE.

Mais ce parti pour moi paraît avantageux.

BELFORT.

Fauster a soixante ans ; de plus, il est goutteux,
Et ce serait un meurtre : ô ma belle cousine !

CONSTANCE.

Songez, mon cher parent, que je suis orpheline.
Et sans biens...

BELFORT.

Vos yeux seuls valent des millions

CONSTANCE.

Ce n'est qu'un doux propos ; et des réflexions
Plus sage...

BELFORT.

Sentez mieux tout le prix d'être aimable.
J'ai pour vous, moi qui parle, un parti plus sortable,
Et préférable en tout à votre vieux Fauster.
Celui dont il s'agit a beaucoup de mon air :
Il est de mon humeur, au printemps de son âge ;
Il doit sur son rival avoir tout l'avantage ;
Il est plus généreux, et non moins opulent,
D'aussi bonne maison, et beaucoup plus galant.

CONSTANCE.

Mais, milord, Fauster m'aime.

BELFORT.

Et l'autre vous adore,
Je vous apprends pour lui ce secret qu'on ignore.
Attendant que pour tel il s'ose présenter,
Cousine, il m'a chargé de le représenter.
De cet emploi charmant je m'acquitte avec joie.
Souffrez qu'à vos regards mon transport se déploie,
Et persuadez-vous, dans cet heureux moment,

Que je suis en effet moi-même votre amant.
En cette qualité j'ose, belle Constance,
Vous déclarer un feu si plein de violence,
Que les flots d'un torrent sont moins impétueux ;
Et ma rapide ardeur...

CONSTANCE.

Passe vite comme eux.

BELFORT.

Non. Votre nom, Constance, en fait le caractère ;
Elle sera durable, autant qu'elle est sincère ;
Et mon cœur...

CONSTANCE.

Votre cœur prend le ton langoureux.

BELFORT.

Non ; de son naturel mon amour est joyeux.
Des soupirs, des langueurs vous êtes ennemie,
Et je le suis aussi. Tout amant triste ennuie,
C'est un tort qui jamais ne peut être excusé.
L'Amour est un enfant qui veut être amusé:
Quand il joue et qu'il rit, il est charmant, aimable ;
Mais vient-il à pleurer, il est insupportable.
Tenons-le vous et moi toujours en belle humeur :
Il s'en portera mieux. Bon, ce souris flatteur
Me dit que mon esprit persuade le vôtre,
Et que, pensant de même, ils sont faits l'un pour l'autre.
Jusqu'au jour de l'hymen inventons mille jeux,
Dansons, rions, chantons à l'unisson tous deux ;
Par des transports de joie exprimons nos tendresses,
Faisons-nous joliment cent douces politesses.

(il lui baise la main.)

CONSTANCE.

Doucement, mon cousin ; vous êtes trop poli.

BELFORT.

C'est l'amant transporté qui vous témoigne ici...

CONSTANCE.

Le cousin et l'amant prennent trop de licence,
Et c'est à ce dernier que j'impose silence.

BELFORT.

Songez que cet amant doit être votre époux.

CONSTANCE.

Ce n'est là qu'un prétexte...

BELFORT.

Ah ! désabusez-vous.
A cet époux enfin donnerez-vous la pomme ?
Répondez.

CONSTANCE.

Non, Milord.

BELFORT.

Pourquoi ?

CONSTANCE.

C'est un jeune homme.

RELFORT.

Mais par cet avantage il vous conviendra mieux.

CONSTANCE.

Par prudence mon cœur préfère le plus vieux.
Mon sort sera plus doux.

BELFORT.

De l'humeur dont vous êtes,
Pouvez-vous bien, ô ciel! penser comme vous faites ?

CONSTANCE.

Oui, l'enjoûment chez moi n'exclut pas le bon sens.
Les exemples me font craindre les jeunes gens.
Chez les femmes d'autrui ces messieurs sont aimables;
Mais près des leurs, Milord, ils sont insupportables,
Méprisants, sans égards, infidèles, cruels.

BELFORT.

Il en est quelques-uns, mais tous ne sont pas tels.
Mon ami...

CONSTANCE.

M'est suspect.

BELFORT.

Songez qu'il me ressemble.

CONSTANCE.

C'est par cette raison qu'à l'accepter je tremble.

BELFORT.

La crainte est obligeante, et l'aveu des plus doux.

CONSTANCE.

Mais vous méritez bien qu'on parle ainsi de vous,

Et l'air dont vous vivez ici près d'Émilie,
Depuis le peu de temps qu'un même sort vous lie,
Me fait avec raison craindre un malheur pareil.
Si vous étiez plus sage et suiviez mon conseil,
Vous négligeriez moins une épouse si belle.

BELFORT.

C'est pour ne pas user l'amour que j'ai pour elle
Je l'évite le jour, comme il faut tout prévoir,
Exprès pour la trouver plus aimable le soir.

CONSTANCE.

Un oubli si blâmable, un tort de cette espèce
Est fort mal excusé par une gentillesse.

BELFORT.

Mais si la vérité justifiait mes torts,
L'amant en question vous plairait-il alors?

CONSTANCE.

Vous supposez toujours des choses incroyables.
L'amour peut bien souvent se repaître de fables;
Mais l'hymen est un dieu plein de solidité.
Il établit ses droits sur la réalité.
Milord Fauster est vieux, mais du moins il existe :
Et je vais à ma tante...

BELFORT.

Arrêtez-vous. J'insiste.
L'époux pour qui je parle est réel de tout point :
Il est des plus vivants, ou je ne le suis point.

CONSTANCE.

S'il était vrai, monsieur, on le verrait paraître

BELFORT.

Puisque vous exigez qu'il se fasse connaître,
Il va, sans plus tarder, se montrer à vos yeux.
Vous le voyez.

CONSTANCE.

Où donc?

BELFORT.

Devant vous, en ces lieux.

CONSTANCE.

Je n'y vois que vous seul.

BELFORT.
Et c'est aussi moi-même.

CONSTANCE.

Vous !

BELFORT.
Oui, c'est moi qui suis mon ami qui vous aime.

CONSTANCE.
Ah ! vous me convenez, monsieur, parfaitement !
Un homme marié, qui l'est nouvellement !

BELFORT.
Vous vous l'imaginez, ainsi que tout le monde.
Voilà le préjugé, voilà comme on se fonde,
Comme on croit de léger sur la trompeuse foi
D'une vaine apparence.

CONSTANCE.
Il est vrai, je le croi,
Sur la foi simplement d'un contrat qui vous lie,
Dont je suis le témoin. C'est une minutie.

BELFORT.
Et je vous prouvais, moi, que je suis garçon ?

CONSTANCE.
Je n'ai plus rien à dire, et le trait est fort bon.

BELFORT.
L'aveu que je vous fais est des plus véritables
Que je sois le dernier de tous les misérables,
Si je suis marié dans le fond.

CONSTANCE.
Vains propos.

BELFORT.
Pour vous désabuser, apprenez en deux mots...

CONSTANCE.
Je ne veux rien apprendre ; et rougissez dans l'âme.

BELFORT.
Sachez...

CONSTANCE.
Allez, monsieur, allez voir votre femme,
Vous jeter à ses pieds, lui demander pardon,
Et pour elle écoutant l'estime et la raison,
Tirez-la du chagrin dont elle est dévorée.

Car vous le causez seul, j'en suis bien assurée.
Ce reproche vous doit percer d'un vif remord.
Un écart de l'esprit peut s'excuser, milord :
Mais les fautes du cœur jamais ne se pardonnent,
Et plus que vos discours, vos procédés m'étonnent.
Ce n'est qu'avec douleur que j'en suis le témoin,
Et vous fuir désormais sera mon premier soin.

(Elle sort.)

SCÈNE VII

BELFORT.

Vous êtes dans l'erreur. Mais elle a pris la fuite.
N'importe, de mes feux elle est toujours instruite.
J'ai franchi le plus fort de la difficulté,
Et ma raison vaincra son incrédulité.

SCÈNE VIII

BELFORT, LA FLEUR.

LA FLEUR.

Ah! monsieur...

BELFORT.

Qu'as-tu donc?

LA FLEUR.

La douleur la plus grande.

Mon maître... hélas !

BELFORT.

Eh bien ! achève.

LA FLEUR.

J'appréhende
Qu'il n'ait perdu, monsieur, l'esprit entièrement.
J'ai beau faire, le mal empire à tout moment.

BELFORT.

Dis, quel mal?

LA FLEUR.

Ses vapeurs, qui toujours le tourmentent;
Et depuis qu'il a vu madame, elles augmentent.

Il est dans un état qui fait compassion.

BELFORT, à part.

Elle aura mal reçu sa déclaration.

LA FLEUR.

Il se lève, il s'assied, il se calme, il s'agite ;
Il se plaint, il se tait, il prie, il jure ensuite ;
Se promène à grands pas ; il devient furieux,
Et puis l'on voit des pleurs qui coulent de ses yeux.
J'ai voulu doucement lui parler de son père ;
Il m'a, par un soufflet, supplié de me taire :
J'ai cru devoir me rendre à cette instance-là.

BELFORT.

Ses vapeurs ne sont rien, si ce n'est que cela.

LA FLEUR.

Oh ! ma joüe a trouvé cette épreuve trop forte.
Comme il voit cependant que je gagne la porte,
Très-sagement, de peur d'être encore battu,
D'une voix égarée il me crie : « Où vas-tu ?
« J'ai besoin de toi... Non... Sors... Un moment,
[demeure.
« Va dire de ma part à milord, tout à l'heure,
« Qu'il faut que je lui parle indispensablement,
« Et qu'il monte au plus vite à mon appartement. »

BELFORT.

J'y cours.

LA FLEUR.

Auparavant, permettez que mon zèle

Vous prévienne, monsieur, sur sa vapeur nouvelle.
Il tient, depuis tantôt, sur madame et sur vous,
Des discours si nouveaux, fait des contes si fous,
Que je n'ose les dire, et qu'ils vont vous surprendre.

BELFORT.

Quels que soient ces discours, tu peux me les apprendre.

LA FLEUR.

Il dit, monsieur, il dit qu'il est secrètement
L'époux de votre femme.

BELFORT.

Il le dit !

LA FLEUR.

Oui vraiment.

BELFORT, éclatant de rire.

Ah ! rien n'est si plaisant qu'une pareille idée.

LA FLEUR.

Il soutient qu'à ses feux vos bontés l'ont cédée.

BELFORT, riant toujours.

Ah ! comme de son bien il peut en disposer,
J'aurais tort là-dessus de lui rien refuser.

LA FLEUR.

Vous riez de son mal, quand vous devez le plaindre !

BELFORT.

Va, ce mal, dans le fond, n'est pas beaucoup à craindre

LA FLEUR.

Il fait, à chaque instant, de violents progrès,
Et j'appréhende tout de son dernier accès.
Sachez qu'il est jaloux, mais jaloux à la rage.

BELFORT.

De qui ?

LA FLEUR.

De vous.

BELFORT.

D'Orville à ce coup n'est pas sage.

LA FLEUR.

Votre épouse vous aime, il le trouve mauvais.
Vous l'obligeriez fort de ne la voir jamais.

BELFORT.

La chose est trop bouffonne, et permets-moi d'en rire.

LA FLEUR.

Mais vous riez toujours, quoi qu'on puisse vous dire.

BELFORT.

Le moyen que je tienne à ce dernier trait-ci ?

LA FLEUR.

Je pense que monsieur a des vapeurs aussi ?
Pardon, si ma franchise...

BELFORT.

Oh ! loin que tu m'offenses,
Tout ce que tu me dis, et tout ce que tu penses,
Me divertit si fort, que j'éclate en vrai fou.

LA FLEUR.

Ne vous contraignez pas; riez tout votre sou.
Vos vapeurs sont du moins joyeuses, agréables,
Et telles qu'on les voit dans nos Français aimables.
Leur caractère plaît par un je ne sais quoi.
Ah ! leur force me gagne et s'empare de moi.
A présent, comme à vous, l'aventure me semble
Très-comique en effet, et rions-en ensemble.

(Il rit avec Belfort.)

BELFORT.

Viens, montons chez ton maître, et quand il l'appren-
[dra,
Lui-même, j'en suis sûr, comme nous en rira.

ACTE DEUXIÈME

SCÈNE I

ÉMILIE.

De mon doute à la fin je suis trop éclaircie.
Du marquis languissant la longue maladie
D'un violent amour était l'effet secret;
Et de ce feu fatal c'est moi qui suis l'objet !
Voilà ce que j'ai craint, et ce qui me déchire,
La Fleur vient d'engager Marton à me le dire,
Pour presser le départ de son maître attendu.
Ma raison en frémit, mon cœur en est ému.
Je ne puis surmonter ni démêler mon trouble.
On vient... C'est le marquis. Son aspect le redouble.

SCÈNE II

LE MARQUIS, ÉMILIE.

LE MARQUIS.

Madame, je ne puis me taire plus longtemps.

Je dois vous révéler des secrets importants.
J'ose, pour mon bonheur, pour votre propre gloire,
Vous prier de vouloir m'écouter et me croire.

ÉMILIE.

Moi, pour votre avantage et pour votre repos,
Je dois trancher d'abord d'inutiles propos,
Et vous presser, monsieur, de retourner en France.
Je sais qu'on vous attend; partez en diligence.

LE MARQUIS.

Ce discours me surprend. Qui peut vous avoir dit...?

ÉMILIE.

Un valet très-zélé.

LE MARQUIS.

Je demeure interdit.

(A part.)

Le maraud !

ÉMILIE.

Vous devez croire un avis sincère,
Et suivre sans délai les volontés d'un père.

LE MARQUIS.

Un devoir plus sacré me défend de partir.

ÉMILIE.

Vous ne pouvez rester sans lui désobéir.

LE MARQUIS.

L'estime et la raison, l'honneur et la droiture,
Tout m'en fait une loi dans cette conjoncture.

ÉMILIE.

Eh ! qu'allez-vous, marquis, vous mettre dans l'esprit?
Revenez à vous-même, et songez qu'il s'agit
D'un hymen, d'une épouse aimable, jeune et belle,
Qui vous doit...

LE MARQUIS.

Je le sais, madame, et c'est pour elle,
Pour elle uniquement que je dois tout quitter.

ÉMILIE.

Eh ! partez donc, monsieur.

LE MARQUIS.

Je dois plutôt rester,

Pour ne pas m'éloigner d'une épouse aussi chère.

ÉMILIE.

Mais vous n'y songez pas, votre raison s'altère.

LE MARQUIS.

Vous-même, en ce moment, vous êtes dans l'erreur ;
Et pour la dissiper...

ÉMILIE.

Vous m'affligez, monsieur ;
Votre état...

LE MARQUIS.

Justement est un point qu'on ignore.
C'est trop vous le cacher : apprenez que j'adore...

ÉMILIE.

Je vois que votre esprit s'égare tout à fait.

LE MARQUIS.

Non : daignez jusqu'au bout entendre mon secret.

ÉMILIE.

A mes sages conseils cédez plutôt vous-même.
Vous devez...

LE MARQUIS.

Je ne puis, madame ; je vous aime.

ÉMILIE.

Monsieur !

LE MARQUIS.

D'un front si fier cessez de vous armer.
Sachez en même temps que je dois vous aimer ;
C'est un devoir chez moi dont rien ne me dispense.

ÉMILIE.

Ah ! c'est pousser, monsieur, trop loin l'extravagance ;
Et je sors.

LE MARQUIS.

Arrêtez.

ÉMILIE.

J'en ai trop écouté.

LE MARQUIS.

Vous me désespérez par cette cruauté.
De grâce, accordez-moi le temps de vous instruire.
Il faut que je vous parle enfin, ou que j'expire.

ÉMILIE.

Mais comprenez-vous bien ce que vous demandez?

LE MARQUIS.

Oui, madame; je meurs, si vous ne m'entendez.
Vous m'avez vu mourant, vous en étiez la cause;
Et, pour peu qu'à mes vœux votre âme encor s'oppose,
Dans mon premier état je m'en vais retomber.
Tous mes sens affaiblis sont prêts à succomber.

ÉMILIE.

(A part.)   (Haut.)
Il m'alarme. Ah! marquis, calmez la violence...

LE MARQUIS.

Ma vie ici dépend de votre complaisance.
Souffrez qu'à vos genoux...

ÉMILIE, l'arrêtant.

Asseyez-vous plutôt.
Vous en avez besoin... Vous êtes...

LE MARQUIS.

Non : il faut...

ÉMILIE.

Vous n'êtes pas, marquis, en état de m'apprendre...

LE MARQUIS.

Pardonnez-moi : sur vous j'ai le droit le plus tendre.
Sachez qu'un nœud secret, que j'avoue en tremblant...

ÉMILIE.

Il faut que, malgré moi, je vous laisse un instant.

LE MARQUIS.

Pour ne pas m'écouter. Ah! c'est une défaite,
Et vous voulez ma mort.

ÉMILIE.

Non, marquis, je souhaite
Que vous viviez.

LE MARQUIS.

Madame, ayez donc...

ÉMILIE, troublée.

On verra...
Quand vous serez plus calme, on vous écoutera...
Votre trouble est trop grand, et le mien est extrême.

(A part, en s'en allant.)
Adieu. Je ne sais plus ce que je dis môi-même.

SCÈNE III

LE MARQUIS.

J'étouffe! je me meurs ! je suis au désespoir !
Et mon état présent ne peut se concevoir.
J'ai frémi de parler, j'expire de me taire.
Cet aveu si terrible, et que je n'ai pu faire,
Est un poids accablant qui fait gémir mon cœur :
Mais un juste courroux se mêle à ma douleur.
C'est La Fleur aujourd'hui, ce brouillon, cet infâme,
Qui des ordres d'un père a seul instruit ma femme.
Il me tarde déjà qu'il ne s'offre à mes yeux.
Rien ne peut le soustraire au transport furieux
Dont je suis justement... Mais je le vois paraître.

SCÈNE IV

LE MARQUIS, LA FLEUR.

LE MARQUIS.
Te voilà donc, maraud ! Je te tiens, double traître.
Ne crois pas m'échapper.
                    LA FLEUR.
                        D'où vient donc ce courroux?
Ah! monsieur, arrêtez. J'embrasse vos genoux.
Que vous ai-je donc fait?
                    LE MARQUIS.
                        J'admire la demande!
Ce que tu m'as fait?
                    LA FLEUR.
                    Oui.
                    LE MARQUIS.
                        Ton impudence est grande;
Et je vais...

SCÈNE V

BELFORT, LE MARQUIS, LA FLEUR.

LA FLEUR, à Belfort.

Ah! je touche à mes derniers instants !
Monsieur, vite au secours, ne perdez pas de temps;
Mon maître, pour le coup, est dans la frénésie :
Arrêtez sa fureur, ou c'est fait de ma vie.

BELFORT, arrêtant le marquis.

Quel est donc ton dessein? Qui cause ces transports?

LE MARQUIS.

Un trop juste sujet. Laisse, au travers du corps,
Laisse que je lui passe à l'instant mon épée.

LA FLEUR.

Dans le noir vertigo dont sa tête est frappée,
Il est homme à le faire et sans ménager rien.

LE MARQUIS, à Belfort.

N'arrête plus mon bras.

LA FLEUR.

Monsieur, tenez-le bien

BELFORT.

Dis-moi donc le sujet du courroux qui t'anime.

LE MARQUIS.

Après l'avoir puni je t'apprendrai son crime.

LA FLEUR.

Ah! c'est contre les lois.

BELFORT.

Il a raison, Marquis.
Informe-nous du moins de ce qu'il a commis.

LE MARQUIS.

Par ses soins généreux, ma femme vient d'apprendre
Qu'on veut me marier; et sans vouloir entendre
Ce malheureux secret qui nous pèse à tous deux,
Elle m'ordonne, ami, d'abandonner ces lieux.

LA FLEUR.

Monsieur, en conscience. Eh! pouvais-je le croire?
Ce que vous me contiez? Cette bizarre histoire.

J'ai pensé franchement (pardonnez mon erreur)
Qu'elle était le produit d'une sombre vapeur
Qui troublait votre esprit.

LE MARQUIS.

                                 C'est un nouvel outrage.
Ah! je vais te prouver, maraud, que je suis sage.

BELFORT.

(A La Fleur.)

C'est le prouver fort mal. Sauve-toi.

LA FLEUR.

                                         J'obéis.

SCÈNE VI

BELFORT, LE MARQUIS.

BELFORT.

Ne t'en prends qu'à toi seul, si ta femme, marquis,
Ne t'a point écouté.

LE MARQUIS.

                    Moi, j'ai porté l'audace
Jusqu'à lui declarer ma passion en face;
Mais elle m'a, Belfort, interrompu toujours.
Je te dirai bien plus. Elle a, sur mes discours,
Elle a cru que j'avais la raison altérée;
Et plaignant mon malheur, elle s'est retirée.

BELFORT.

Elle te croit donc fou? Je t'en fais compliment.

LE MARQUIS.

Je ne badine pas, elle le croit vraiment;
Et je le deviendrai, pour peu qu'elle persiste...

BELFORT.

Console-toi, mon cher, du malheur qui t'attriste.
Constance, à qui je viens, pour hâter mon bonheur,
D'éclaircir mon destin, me fait le même honneur,
Et me croit, qui plus est, un fort malhonnête homme.
Mais ce n'est pas assez de ce coup qui m'assomme;
Apprends un nouveau trait qui n'est pas moins fatal;
Ta femme, en te quittant, vient de se trouver mal,
Et de cet accident c'est moi qu'on croit coupable.

LE MARQUIS.

Ciel ! ce que tu me dis est-il bien véritable ?

BELFORT.

Oui, Marton, tout en pleurs, m'a parlé de sa part ;
« Milord, m'a-t-elle dit, accourez sans retard ;
« Tous nos secours sont vains auprès de votre femme.
« Monsieur peut seul guérir les vapeurs de Madame. »
Adieu, j'y vole.

LE MARQUIS.

Attends.

BELFORT.

Non : je m'y suis mal pris.
J'ai révolté son cœur par d'injustes mépris,
Et par des procédés choquants, désagréables,
Au lieu de l'engager par des façons aimables.
Je vais changer de ton ; et près d'elle, à présent,
Je serai si poli, je serai si galant,
Et si rempli d'ardeur...

LE MARQUIS.

Souffre que je t'arrête,
Il ne faut pas outrer. Il suffit d'être honnête.

BELFORT.

Non, ce n'est pas assez ; je dois aller plus loin.
Je veux la ramener par le plus tendre soin :
Je m'en fais un devoir.

LE MARQUIS.

Je ne puis le permettre.

BELFORT.

Mais c'est le seul moyen, d'Orville, de la mettre
En état de t'entendre et de te pardonner.
A ce point, par degrés, je prétends l'amener,
Et, pour te mieux servir, gagner sa confiance.

LE MARQUIS.

L'épreuve est délicate, et mon esprit balance.

BELFORT.

Moi, je n'hésite plus ; et malgré tes efforts...

LE MARQUIS.

Mais ton devoir t'oblige...

BELFORT.
                    A réparer mes torts.
Contre moi tu le sais, toute la maison crie;
Tout le monde me blâme en plaignant Emilie.
                    LE MARQUIS.
Ah! ma femme t'adore : elle prévient tes pas.
                    BELFORT.
Sors : je dois être seul.
                    LE MARQUIS.
                    Je ne te quitte pas.

SCÈNE VII

LE MARQUIS, BELFORT, ÉMILIE.

            BELFORT, courant au-devant d'Emilie.
Quoi! vous sortez, madame, en l'état où vous êtes?
Je suis confus des soins et des pas que vous faites.
Que ne m'attendiez-vous dans votre appartement?
                    ÉMILIE.
Je pourrai vous parler ici plus librement.
                    BELFORT.
Votre santé m'est chère, et je ne puis trop prendre...
                    ÉMILIE
Le plaisir de vous voir suffit pour me la rendrs.
Mais je vous croyais seul?
                    BELFORT.
                    Et je le suis aussi.
                    LE MARQUIS.
Il est triste pour moi d'être de trop ici.
                    ÉMILIE.
Je vous ai cru parti, monsieur.
                    LE MARQUIS.
                    Moi? non, madame.
                    BELFORT.
Tous deux, vous le savez, nous ne formons qu'une âme.
Mon cœur peut devant lui s'épancher sans détour.
Je veux qu'il soit témoin de mon juste retour,
Et du regret que j'ai de vous avoir choquée.

ÉMILIE.

Si vous m'étiez moins cher, je serais moins piquée.
Mais je vous vois, Belfort, et je ne le suis plus.

BELFORT.

Je demeure enchanté.

LE MARQUIS.

Moi, je reste confus.

BELFORT.

Je ne puis m'excuser qu'à force de tendresse,
Qu'en redoublant de soins, d'égards, de politesse.
Je dois, pour réparer le temps que j'ai perdu,

(Bas, au marquis.)

Ne vous quitter jamais... Fais-je bien? Qu'en dis-tu?

LE MARQUIS, bas.

Non, tu t'échauffes trop.

BELFORT, bas, au marquis.

Mais l'action l'exige.

(A Émilie, lui prenant la main.)

Je ne veux plus songer qu'à vous.

LE MARQUIS, bas.

Plus froid, te dis-je.

ÉMILIE, à Belfort.

Tiendrez-vous parole?

BELFORT, lui baisant la main.

Oui, voilà ma caution.

LE MARQUIS, le tirant par la manche.

Doucement, vous passez votre commission;
Et ce baiser, morbleu!...

BELFORT, bas, au marquis.

Mais il est nécessaire;

(A Émilie, lui rebaisant la main.)

Je dois le répéter. Ce garant est sincère.

LE MARQUIS, bas, à Belfort.

Poursuis, bourreau! tu ris, tu trouves très-plaisant
De m'avoir fait mari, pour être son amant!

BELFORT.

En ce moment je goûte une joie infinie.
Mais la partagez-vous? parlez, belle Emilie.

LE MARQUIS.

Pour le coup ton amour aurait tort d'en douter,
Dans les yeux de madame on le voit éclater.

ÉMILIE.

J'en fais gloire, monsieur, bien loin que je m'en cache.
J'aime trop mon époux.

BELFORT.

L'aveu qu'il vous arrache
Met le comble à mes vœux, et je ne conçois pas
Comment j'ai pu, deux jours, négliger tant d'appas.
Me pardonnez-vous bien un oubli si blâmable ?

ÉMILIE.

Oui, fussiez-vous encor mille fois plus coupable.
Mais laissons le passé, ne songeons qu'au présent.

LE MARQUIS.

Madame, pour tous deux, ce présent est charmant.
Pour moi, je vous l'avoue, il est moins agréable.

ÉMILIE.

Mais vous le trouveriez en France plus aimable :
Mon cœur, pour votre bien, vous y voudrait déjà.

LE MARQUIS, d'un air piqué.

Rien n'est plus obligeant pour moi que ce vœu-là :
Je vous en remercie, et de toute mon âme.

BELFORT.

Ne parlons que de joie et de plaisir, madame.
Je veux, ce soir, je veux donner ici le bal.
Nous l'ouvrirons tous deux.

LE MARQUIS.

Moi ! j'y danserai mal.

BELFORT.

Je prétends célébrer cette heureuse journée
Comme le premier jour d'un nouvel hyménée.
J'ai répandu l'ennui sur un front si charmant,
J'y veux, aux yeux de tous, rappeler l'enjoûment.
Mes torts ont éclaté, l'offense est solennelle :
La réparation le doit être comme elle.
Je vais tout ordonner. Souffrez auparavant
Que je vous reconduise à votre appartement.

ÉMILIE.

Oui, je veux en chemin vous prier d'une chose.

BELFORT, lui donnant la main.

Que de ma volonté la vôtre en tout dispose.
Adieu. Prépare-toi, marquis, à bien sauter.

SCÈNE VIII

LE MARQUIS, LA FLEUR.

LE MARQUIS,

La cruelle, en partant, ne daigne pas jeter
Un regard seulement sur ma triste personne.
Mais Belfort l'accompagne, et mon cœur en frissonne.
Va, La Fleur, suis leurs pas. Imagine un moyen
Pour ramener Belfort, et rompre l'entretien.

LA FLEUR.

J'y vole... Mais, monsieur, vous les quittez à peine ;
Quel prétexte, avec eux, voulez-vous que je prenne ?

LE MARQUIS.

Quel prétexte, maraud ? Il en est cent pour un.
Pour me servir, le sot n'a pas le sens commun.
S'il montre de l'esprit, c'est toujours pour me nuire.
Joins Belfort au plus vite, et tout bas va lui dire
Que j'ai besoin de lui, qu'à l'instant, dans ces lieux,
Il vient de m'arriver un accident fâcheux.
Dépêche-toi, maraud, et vole sur ses traces.

SCÈNE IX

LE MARQUIS.

J'ai toutes les rigueurs, il a toutes les grâces ;
On l'adore, on me hait ; on le cherche, on me fuit ;
Quand on ne le voit pas, on se meurt, on languit :
Et sitôt qu'on lui parle, ou qu'il vient à paraître,
Le mal s'évanouit, et l'on se sent renaître.
On n'a des sentiments et des yeux que pour lui.
Il n'a qu'à dire un mot pour dissiper l'ennui ;

Ce seul mot est payé de mille prévenances,
Et je ne puis avoir les moindres préférences.
Dès que j'ouvre la bouche, on répond froidement,
Et toujours pour me faire un mauvais compliment.
Que dis-je ? En cet instant où je suis à la gêne,
Où je gémis tout seul et dévore ma peine,
Il la conduit chez elle, il lui donne la main,
Et l'on a des secrets à lui dire en chemin !

SCÈNE X

LE MARQUIS, LA FLEUR.

LE MARQUIS.

Belfort vient-il ? Réponds, tranquillise mon âme.

LA FLEUR.

Il ne peut pas, monsieur, quitter sitôt madame.
Ils sont (je les ai vus) ils sont présentement
Tous deux dans des transports, dans un ravissement
Qu'on ne peut exprimer.

LE MARQUIS.

J'étouffe, je suffoque.

LA FLEUR.

Pour lien, pour garant d'une paix réciproque,
Elle vient à son bras d'attacher, à mes yeux,
Un bracelet tissu de ses propres cheveux.
« Mon cher petit mari, tenez, gardez, dit-elle,
« Gardez bien ce doux gage, et soyez-moi fidèle. »
Tous deux en même temps viennent de s'embrasser.

LE MARQUIS.

Tais-toi. Ce malheureux est fait pour m'annoncer
Des choses, des détails, toujours désagréables.

LA FLEUR.

Est-ce ma faute à moi, s'ils ne sont pas aimables ?
Suis-je maître du sort et des événements ?
S'ils dépendaient de moi, je les rendrais charmants.
Un courrier cependant a suspendu leur joie :
Je crois que vers milord le parlement l'envoie.
L'affaire est sérieuse, à ce que j'ai compris.

Milord a paru même embarrassé, surpris,
Et je les ai laissés tous trois en conférence.

LE MARQUIS.

Je respire; ces mots soulagent ma souffrance.

SCÈNE XI

LE MARQUIS, CONSTANCE.

CONSTANCE.

Ah ! marquis, quel retour ! quel changement heureux !
Ma cousine est enfin au comble de ses vœux.
Tout le monde applaudit au bonheur qu'elle goûte ;
Et milord repentant... Vous le savez, sans doute ?
Et la chose est publique.

LE MARQUIS.

Oui, j'en suis informé.

CONSTANCE.

Vous en êtes surpris, vous en êtes charmé ?

LE MARQUIS, troublé.

Non... Si fait...

CONSTANCE.

Mêlez donc votre joie à la nôtre ;
Vous y devez, monsieur, prendre part.

LE MARQUIS.

Plus qu'un autre,

CONSTANCE.

Vous me le témoignez d'un air bien sérieux.
Allons, que la gaîté paraisse dans vos yeux.

LE MARQUIS.

Mon visage est ingrat pour exprimer la joie :
Plus j'en suis pénétré, moins elle se déploie.

CONSTANCE.

Belfort va devenir l'exemple des époux.

SCÈNE XII

LE MARQUIS, CONSTANCE, BELFORT.

CONSTANCE, à Belfort.

Vous venez à propos, et je parlais de vous.

Eh bien, présentement vous vous faites connaître,
Et vous voilà, monsieur, tel qu'un mari doit être.
Je vous rends mon estime.

BELFORT.

Un tel prix m'est bien doux
C'est le seul, c'est l'unique où j'aspire entre nous.
Dans les empressements que j'ai pour Emilie,
Vous voyez le tableau, vous voyez la copie
De tous ceux que j'aurai pour vous que je chéris,
Constamment chaque jour, quand nous serons unis.

CONSTANCE.

Comment ! vous revenez encore à vos folies ?

BELFORT.

Oh ! pour m'en corriger elles sont trop jolies.

CONSTANCE.

Osez-vous bien tout haut...?

BELFORT.

Oui, d'Orville est discret,
Et pour un tel ami je n'ai rien de secret.

CONSTANCE.

Mais je ne reviens point de ma surprise extrême.
Ce changement, monsieur, qui s'est fait en vous
                                    [même,
Ces soins pour votre femme, et ces transports subits,
N'étaient donc que joués, et n'étaient pas sentis ?

BELFORT.

J'ai fait exactement ce que je devais faire.
Ne m'estimez pas moins. C'est au fond un mystère
Dont j'ai voulu tantôt en vain vous éclaircir.
Pardon ; présentement je n'ai pas ce loisir.
Un affaire d'Etat demande ma présence ;
Et je n'ai pas voulu partir, belle Constance,
Sans avoir pris congé de vous et du marquis.

LE MARQUIS.

Tu pars ?

BELFORT.

Oui ; serviteur.

LE MARQUIS.

Arrête.

BELFORT.
                                        Je ne puis
Te parler plus longtemps, ni rester davantage.
Madame, en vous quittant, je vous parais volage,
Haïssable, bizarre, et même extravagant :
Mais quand je reviendrai vous me verrez charmant,
Sage, aimable, discret, digne enfin de vos charmes ;
Et je vous forcerai de me rendre les armes.

CONSTANCE.
Je n'ai rien à répondre à de pareils adieux.

BELFORT.
D'Orville vous tiendra compagnie en ces lieux.
    (Au marquis.)
Je te laisse le soin de divertir ces dames.
Le talent d'un Français est d'amuser les femmes.

LE MARQUIS, retenant Belfort.
Émilie...

BELFORT, bas, au marquis.
    Eh ! ce soir tu la détromperas.

LE MARQUIS.
Je n'aurai plus ce droit quand tu n'y seras pas.
A mon état cruel tu dois être sensible.
Recule ton voyage.

BELFORT.
                    Il ne m'est pas possible.
Je vais au parlement, où je suis appelé.

LE MARQUIS.
Qu'il attende.

BELFORT.
        Comment ! quand il est assemblé ?

LE MARQUIS.
Je te conjure, ami...

BELFORT.
            Tes instances sont vaines.
Adieu. Je reviendrai, marquis, dans trois semaine

LE MARQUIS.
Trois semaines ! Milord. Ah ! c'est pour en mourir.

BELFORT.
Laisse-moi; car je crains de me voir retenir

Par un autre embarras, qui n'est pas moins étrange.
Emilie aujourd'hui veut me suivre.

LE MARQUIS.

Qu'entends-je?

BELFORT.

Ce qui redouble encor ma crainte à ce sujet,
Je sais qu'elle s'apprête à partir en effet.

LE MARQUIS.

C'est un nouveau motif qui veut que je t'arrête.

BELFORT.

Elle vient. Je ne puis éviter la tempête.

SCÈNE XIII

LE MARQUIS, BELFORT, ÉMILIE, CONSTANCE, LA FLEUR.

ÉMILIE, à Belfort.

Monsieur, me voilà prête à marcher sur vos pas,
Et j'ai tout disposé pour ne vous quitter pas.

BELFORT.

Un tel empressement de votre part me flatte ;
Mais, madame, je pars pour affaire à la hâte ;
Et vous me jetteriez dans un dérangement...

ÉMILIE.

Je vous prouve par là mon tendre attachement.

BELFORT.

Mon cœur en est touché d'une façon très-vive ;
Mais...

ÉMILIE.

Quoi que vous disiez, il faut que je vous suive.

BELFORT.

Vous m'embarrassez fort. Je n'ose commander ;
Mais je vous prie en grâce, et daignez m'accorder
Ce qu'un juste motif...

ÉMILIE.

Ma raison est meilleure.

BELFORT.

Constance, le marquis, tout le monde demeure.

ÉMILIE.

Excusez-moi, monsieur; nous allons tous partir.
Avec milord Fauster Constance va s'unir.
Et puisqu'au parlement vous allez prendre place,
Je dois suivre vos pas. J'aurais mauvaise grâce
De rester seule ici quand vous serez absent.
Pour monsieur, vous savez très-positivement
Qu'il y peut demeurer beaucoup moins que personne.

BELFORT.

Il le peut comme ami.

ÉMILIE.

                    Puisqu'il l'est, je m'étonne
Que vous ne pressiez pas vous-même son départ,
Qui, pour son propre bien, ne veut point de retard,

CONSTANCE.

Milord, à ce discours il n'est point de réplique.
Partons.

BELFORT.

            Pardonnez-moi. Je dois...

ÉMILIE, montrant La Fleur.

                              Ce domestique,
Pour hâter son rappel, exprès est envoyé;
Et vous êtes instruit, puisqu'il l'a publié,
Que l'hymen de son maître en France se dispose.

LA FLEUR, à part.

J'ai tout gâté tantôt, et réparons la chose.

ÉMILIE.

N'est-il pas vrai, La Fleur, que son père l'attend
Pour former ce lien?

LA FLEUR.

                    Oui, rien n'est plus constant.
Mais j'ai, depuis tantôt, appris une nouvelle
Qui change ce projet et fait taire mon zèle.
Ici, depuis trois jours, mon maître est marié.

ÉMILIE.

Marié !

LA FLEUR.

        Comme vous je me suis récrié.

ÉMILIE.

Son père blâmera peut-être sa conduite.
Pour moi j'en suis charmée,
(Avec une joie contrainte et mêlée d'un dépit caché.)
                    Et je l'en félicite.

LE MARQUIS.

Mon sort sera parfait, si j'ai votre agrément.

CONSTANCE.

Nous n'avons rien appris d'un nœud si surprenant.

LA FLEUR, à Constance.

Vous étiez de la noce.

ÉMILIE.

            A mon tour, ma surprise...

LA FLEUR.

Vous en étiez aussi, madame la marquise.

CONSTANCE.

Il faut qu'une vapeur ait troublé son cerveau.
C'est un mal général.

ÉMILIE, à La Fleur.

            A qui dans ce château
A-t-il donc pu s'unir ?

LE MARQUIS, à part.

                Je tremble.

BELFORT, à part.

                    Je frissonne.

LA FLEUR.

C'est, madame...

ÉMILIE.

            A qui donc ?

LA FLEUR.

                C'est à votre personne.

ÉMILIE.

A moi ? Quelle folie !

CONSTANCE, éclatant de rire.

            Ah ! le trait est charmant.

(A Émilie.)
Sur ce nouvel hymen je vous fais compliment.
Vous l'avez contracté, l'on vient de vous le dire :
Mais vous n'en savez rien, et c'est ce que j'admire.

LA FLEUR.

Le contrat est garant de tout ce que je dis.
Il est fait sous le nom de monsieur le marquis ;
Et milord est lui-même inventeur de la ruse.

ÉMILIE, à Belfort.

Vous ne démentez point La Fleur qui vous accuse ?

BELFORT.

Il dit la vérité. D'Orville est votre époux.

LE MARQUIS.

Je me jette à vos pieds.

BELFORT.

Je tombe à vos genoux.

LA FLEUR.

Je m'y prosterne aussi.

ÉMILIE.

Je doute si je veille ;
Je n'ose en croire ici ma vue et mon oreille

LE MARQUIS.

Faites grâce à l'amour.

BELFORT.

Excusez l'amitié.

LE MARQUIS.

D'un mari tout à vous, ma femme, ayez pitié.

CONSTANCE.

Mais leur ton me séduit ; je commence à les croire.

BELFORT.

Pour le bonheur commun...

LE MARQUIS.

Pour votre propre gloire..
Je meurs à vos genoux si je ne vous fléchis.

ÉMILIE.

Mes sens sont à la fois révoltés et ravis.
Je brûle de parler, et je ne puis rien dire.
Mon orgueil est blessé ; mais ma vertu respire.

LE MARQUIS.

Aurais-je le bonheur de n'être point haï ?
Ah ! ne rougissez pas d'aimer votre mari.

ÉMILIE.

Non, je n'en rougis plus ; tout haut je le publie.

Ce qu'a fait l'amitié, l'amour le ratifie.

LE MARQUIS.

Tous mes vœux sont comblés par un aveu si doux.
De votre choix enfin je me vois votre époux ;
Et de ce seul instant, qui guérit mes alarmes,
Je compte mon bonheur, je possède vos charmes,

LA FLEUR.

La victoire est à nous, et je suis triomphant.

CONSTANCE, à Émilie.

Ah ! ma joie est égale à mon étonnement.

BELFORT, à Constance.

Eh bien ! vous le voyez, je suis libre, Constance.
Je ne vous mentais pas. J'attends la préférence.

CONSTANCE.

Mais puis-je bien compter sur vous ?

BELFORT.

Oui, tout à fait.
Quand on est ami tendre, on est mari parfait.

FIN

TITRES DES CHANSONS, TIMBRES DES AIRS.	MUSIQUE DE	PIÈCES, AUTEURS.
Ah! riguingo! — Ronde enfantine.	Anonyme	Anonyme
Ah! si j'étais p'tite alouette grise!	—	—
Ah! s'il est dans notre village un berger . . .	CHARDINI	FLORIAN
Ah! tu sortiras, biquette, biquette	Anonyme	Anonyme
Ah! voilà la vie suivie que les moines font. . .	—	—
Ah! vous dirai-je, maman?	RAMEAU	—
Aimable et belle, à ma voix, un cœur fidèle.	DALAYRAC	*Adolp. Clara*
Aimez, vous avez quinze ans	ROUSSEAU	MONCRIF
A la fête du hameau.	DUMINIL	DUMINIL
Alexis, depuis deux ans adorait Glycère. . .	ROUSSEAU	DELABORDE
Allez-vous-en, gens de la noce, chacun chez vous.	RAMEAU	Anonyme
Allons danser sous les ormeaux.	ROUSSEAU	*Devin*
Amant (l') discret. — *Dans ma cabane obscure.*		Latteignant
Amants qui vous plaignez des rigueurs, etc.	GRÉTRY	*Midas*
Amaryllis. — *Tu crois, ô beau soleil...* (1620).	LOUIS XIII	Anonyme
Ami (l') du plaisir. — *Je ne suis né roi ni prince.*	MOURET	HAGUENIER
Ami, laisse la tendresse.	MONSIGNY	*Roi et Ferm.*
Amis, ne vous effrayez pas	DALAYRAC	*Camille*
Amitié (l') vive et pure.	GRÉTRY	*Colinette*
Amour (l') captif. — *Sous un ormeau.*	PHILIDOR	FAVART
Amour (l') charmait ma vie.	ALBANÈSE	LA HARPE
Amour (l') est un enfant trompeur	MARTINI	BOUFFLERS
Amour (l') fuit les lambris dorés	MONSIGNY	*Aline*
Amour me tient en servage	ROUSSEAU	DE LEYRE
Annette, à l'âge de quinze ans.	MARTINI	*Annette*
A Paris, loin de sa mère.	GAVEAUX	*Traité nul*
A peine aux autels.	SALIERI	*Danaïdes*
A quatorze ans qu'on est novice!	Anonyme	GRESSET
Arbre charmant qui me rappelle	DEVIENNE	FLORIAN
Arlequin et Polichinelle. — Ronde enfantine.	Anonyme	Anonyme
A Roncevaux. — *Chœur, avec notice historique.*	GRÉTRY	*Guil. Tell*
A Toulouse il fut une belle. Clémence Isaure.	DEVIENNE	FLORIAN
A trompeur trompeur et demi.	Anonyme	PANARD
Au bien suprême je touchais..	GRÉTRY	*Lucile*
Au bord d'une fontaine.	ALBANÈSE	BERTAUT
Au cabaret. — *A boire je passe ma vie.* . . .	ERMEL	LUCET
Au clair de la lune, mon ami Pierrot	LULLI	LULLI
Au joli mois de mai, vive la rose!	Anonyme	Anonyme
Au noir chagrin qui me dévore.	PICCINNI	*Didon*
Auprès de Barcelone. — *Un jour de cet automne*	DALAYRAC	*La Soirée*
Aussitôt que je t'aperçois, mon cœur bat, etc.	—	*Azénia*
Aussitôt que la lumière a redoré nos coteaux.	Anonyme	Mᵗʳᵉ ADAM
Autant en emporte le vent.	CAMPRA	DORAT
Auvergnats (les). — *Au fond d'un bois.*	GRÉTRY	*Le Rival*
Aux plaisirs! aux délices!	GUÉDRON	Anonyme
Avant d'avoir vu ce mortel	DALAYRAC	*Roméo*
Aventure (l') de Manon.	DUMINIL	AUDE
Avoine (l'). — Ancienne ronde populaire. .	Anonyme	Anonyme
A voyager passant sa vie, un vieillard. . . .	SOLIÉ	SÉGUR
Avril, l'espoir des mois et des bois	ROUSSEAU	Gᵃˡ BERNARD

TITRES DES CHANSONS, TIMBRES DES AIRS.	MUSIQUE DE	PIÈCES, AUTEURS.
B		
Babet, que t'es gentille!............	Philidor	Sedaine
Bacchus chez Grégoire.............	Rameau	Panard
Ballet (le) des Savoyards..........	Anonyme	Anonyme
Barque (la) à Caron. — Ah! que l'amour...	—	Gouffé
Beau (le) laurier de France. Ronde enfantine.	—	Anonyme
Beau (le) Léandre...............	—	—
Bégayeur (le). — Pour nous mettre en train.	Anonyme	Panard
Bélisaire (la romance de).........	Garat	Lemercier
Belle Bourbonnaise (la)...........	Air italien	Anonyme
Belle (la) lavandière.............	—	De Loulay
Belle rose que j'arrose............	Floquet	De Chabane
Béni soit Dieu: l'année est bonne! (16e siècle).	Anonyme	Voiture
Berger (le) patient. — J'aime une ingrate..	Lusse	Favart
Berger (le) roi. — Sur un trône de fougère..	Anonyme	Anonyme
Bizarreries (les)................	Rousseau	Collé
Bois épais, redouble ton ombre........	Lulli	Amadis
Bois (le) joli, Mesdames. — Devinez!....	Anonyme	Anonyme
Bonjour, mon ami Vincent, la tante, etc...		
Bonne aventure (la), o gué!........	Chardini	Dancourt
Bonnet (le). — Air du Ballet des Pierrots..	Anonyme	Artignac
Bon roi Dagobert (le). — Avec notice....	—	Anonyme
Bonsoir, la Compagnie!...........	Philidor	Latteignant
Bon (le) vieux temps. — Chacun, etc. (1482).	Anonyme	D'Auvergne
Bon (le) vin, la franche gaîté sont à table..	—	Anonyme
Bossus. — Depuis longtemps je me suis aperçu.	—	Santeuil
Boudoir d'Aspasie (le)............	Campra	Duminil
Boulangère (la) a des écus..........	Mondouville	Gallet
Bouquet (le) à ma mère...........	Et. Ducret	Et. Ducret
Bouton de rose, tu seras plus heureux que	Pradher	Mme Bourdic
Brigitte la fleurie. — Ronde enfantine....	Anonyme	Anonyme
Buveur (le) latiniste.............	—	Panard
Buvons! — Air: Ah! le bel oiseau, maman;	—	Morel
Buvons, mes chers amis, buvons!.....	Lulli	Molière
C		
Cadet Rousselle est bon enfant.......	Anonyme	Anonyme
Ça fait toujours plaisir............	Propiac	—
Canne (la) de St Pierre. — Légende populaire.	Anonyme	Anonyme
Ça n' se peut pas. — Un jour Lucas, etc..	Duminil	Duminil
Cécilia. — Mon père n'avait d'enfant que moi.	Anonyme	Anonyme
Ce mouchoir, belle Raimonde........	Duminil	—
C'en est fait: je succombe, ô fortune inhumaine.	Albanèse	Florian
Ce que je désire et ce que j'aime......	—	Ségur aîné
Ce qui plaît aux dames............	Philidor	Boufflers
Ce qu'on voit et ce qu'on ne voit guère....	Anonyme	Panard
C'est bien à tort...............	Grétry	Colinette
C'est dans la ville de Bordeaux........	Anonyme	Anonyme
C'est ici que Rose respire...........	Monsigny	Rose et Colas

TITRES DES CHANSONS,	MUSIQUE	PIÈCES,
TIMBRES DES AIRS.	DE	AUTEURS.
C'est la façon de faire qui fait tout.	Anonyme	Anonyme
C'est l'amour qui fait le monde à la ronde .	CONSTANTIN	D'ARTOIS
C'est le bieau Thomas qu'est l'passeux. . . .	PROPIAC	Cadichon
C'est par la messagerie.—Air: Ronde de Metz.	Anonyme	RABUTIN
C'est toujours la même chose.—Ballet Pierrots.	—	ANTIGNAC
C'est un enfant, c'est un enfant.	ROUSSEAU	Devin
Cette fleur qui fut l'amante de l'Astre. . . .	MOURET	Triomp. Sens
Cet étang, qui s'étend. — Menuet d'Exaudet.	PHILIDOR	FAVART
Chacun avec moi l'avoûra.	DALAYRAC	Philippe
Chacun le sien n'est pas de trop.	Anonyme	PANARD
Chacun soupire.	GRÉTRY	Panurge
Chaque chose a son temps.	CHAMPEIN	BEAUNOIR
Chanson (la) de la mariée. — Ronde.	Anonyme	Anonyme
Chanson (la) des rues. — Tirlitaine !	—	PANARD
Chansonniers, mes confrères.	GILLIER	Anonyme
Chanson (la) des quenouilles.	Anonyme	—
Chanter, aimer et boire.	—	GALLET
Chantons deux époux.	GRÉTRY	Lucile
Chantons CŒTAMINI.	Anonyme	Latteignant
Charbonnier est maître chez lui.	MONSIGNY	Arsène
Charmante Gabrielle, percé de mille dards .	DU CAUROY	HENRI IV
Chevalier (le) du Guet. — Qu'est-c' qui passe	Anonyme	Anonyme
CHŒURS {d'Athalie. {d'Esther. } Musique célèbre (1690).	MOREAU	RACINE
Chose (la) impossible.	Anonyme	PANARD
Ciel (le), mes sœurs.	DEVIENNE	PIIS
Cigale (la) et la Fourmi.	ET. DUCRET	ET. DUCRET
Cinq (les) Sens. — C'est par les yeux, etc. .	JUDIN	LEFEBVRE
Cinquantaine (la).	DELLA MARIA	GALLET
Clarette. — Sur Clarisse, notre amie.	Anonyme	Anonyme
Cloches (les). — Alleluia.	—	PIIS
Cloches (les) du monastère.	GATAYES	Anonyme
Cœurs (les). — Voyez là-bas ces enfants, etc.	Anonyme	BOUFFLERS
Cœurs sensibles, cœurs fidèles.	PAISIELLO	Le Barbier
Colas, Colas, sois-moi fidèle.	JUDIN	Anonyme
Colinette au bois s'en alla, la tradéridéra. .	C. JACQUES	C. JACQUES
Colin voulut à Périnette.	SALIERI	Tarare
Combien j'ai douce souvenance !	Anonyme	Chateaubriand
Combien vendez-vous vos oignons? — Ronde.	—	Anonyme
Comédie (la) et la Parodie.	—	PANARD
Commencement (le), le milieu, la fin	SALIERI	Tarare
Comment Colin sait-il?	Anonyme	MARMONTEL
Comment goûter quelque repos?	DALAYRAC	Renand d'Ast
Comme un enfant.	PICCINNI	Le Dormeur
Compagnons de la marjolaine. — Ronde flam.	Anonyme	Anonyme
Compère qu'as-tu vu? (Les Menteurs)—Ronde.	—	—
Complainte (la) de st Louis. — Un jour, etc.	—	—
Comte (le) Ory.		
Confiteor (le).—Mon père, je viens devant vous.	DOCHE	Belle Dorm.
Conscrit (le) de Corbeil. — Chant populaire.	Anonyme	Anonyme

TITRES DES CHANSONS, TIMBRES DES AIRS.	MUSIQUE DE	PIÈCES, AUTEURS.
Contrat (le)	MOURET	DUFRESNY
Conservez bien la paix du cœur.	GAVEAUX	*Le Bouffe*
Contentous-nous d'une simple bouteille. . . .	MOURET	Anonyme
Couci, couci.—Dans ce village un beau berger.	DUMINIL	DUMINIL
Courtisan (le) désabusé.	CAMPRA	PANARD
Croisée (la). — D'autre nuit je réfléchissais.	LE GAT	D'ARNAUD
Culture (la).—Que la terre d'une prude. . . .	Anonyme	PANARD
Curé de Pomponne. — Il m'en souviendra, etc.	—	Anonyme

D

Dame Jacinthe	Mᵐᵉ de Vismes	CAZOTTE
Dame Tartine. — Ronde enfantine.	Anonyme	Anonyme
Damon et Henriette, un dimanche matin. . . .		
Dans ce château que Dieu confonde.	DALAYRAC	*Léon*
Dans ces doux asiles soyez couronnés. . . .	RAMEAU	Gᵃˡ BERNARI
Dans l'asile de l'innocence.	DEVIENNE	PICARD
Dans la vigne à Claudine	CAMPRA	DUFRESNY
Dans le bois l'amoureux Myrtil avait pris, etc.	ALBANÈSE	FLORIAN
Dans le printemps de mes années.	GARAT	Anonyme
Dans le sein d'un père.	GRÉTRY	*Sylvain*
Dans les gardes-françaises j'avais un amoureux	Anonyme	Anonyme
Dans ma cabane obscure.	ROUSSEAU	*Le Devin*
Dans quel canton est l'Huronie?	GRÉTRY	*Le Huron*
Dans de riches appartements	CHAMPEIN	BOUFFLER
Dans un bois solitaire et sombre.	ALBANÈSE	LA MOTT
Dans une forêt des Ardennes	DALAYRAC	*Léon*
Dans une tour obscure un roi puissant languit.	GRÉTRY	*Richard*
Dans un verger Colinette.	AUDINOT	*Le Tonneli*
Dans vos mains qu'un verre a d'attraits! . .	Anonyme	PANARD
Daphnis et Chloé.—Dans les flots argentés, etc.	ET. DUCRET	ET. DUCRE:
De l'amour je reçus la loi.	HAYDN	Anonyme
De ma Céline amant modeste	LAMBERT	—
Dents (les)	JADIN	Charlemagn
Départ (le) du conscrit.	Anonyme	Anonyme
Dès que l'aurore	—	
Descends des Cieux, dieu du verre	C. JACQUES	PANARD
Dessert (le). — On rit, on babille.	Anonyme	Anonyme
Dessur le pont de Nantes. — Vieille chanson.	—	.
Deux Bergères pour faire usage.	ROUSSEAU	—
Dieu d'amour, en ce jour. — Marche célèbre.	GRÉTRY	—
Dieu d'Israël.	GAVEAUX	*Enf. prodi*
Digne objet de mes vœux	GARAT	COUPIGNY
Dîner de Madelon (le).	PORRO	Anonym
Donne-le-moi pour nos adieux	GRÉTRY	*Céphale*
Doris au lever de l'aurore.	Anonyme	Anonym
Dors, mon enfant, clos ta p.. pière.	GOSSEC	*Rosine*
Douce (la) clarté de l'aurore.	KREUTZER	*Lodoïska*
Doux charme de la vie.	GRÉTRY	*Midas*
Doux sentiment.	—	2 Couven:
Du calme de la nuit	STEIBELT	*Rom. Julie*

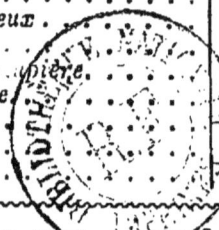

sera suivi

PARIS. — IMP. Vᵛᵉ P. LAROUSSE ET Cⁱᵉ, RUE NOTRE-DAME-DES-CHAMPS, 49.

200 autres volumes d'ici fin présente année 1878.

20c — THÉATRE — 20c

CHEZ TOUS LES LIBRAIRES

<table>
<tr><td colspan="2">

MAI 1878

</td><td colspan="2">

JUIN 1878

</td></tr>
<tr><td colspan="2" align="center">

Gluck

</td><td colspan="2" align="center">

Martini

</td></tr>
<tr><td>101</td><td>Orphée</td><td>126</td><td>Annette et Lubin</td></tr>
<tr><td>102</td><td>Alceste</td><td>127</td><td>La double Fête</td></tr>
<tr><td>103</td><td>Armide</td><td colspan="2" align="center">

Boursault

</td></tr>
<tr><td>104</td><td>Echo et Narcisse</td><td>128</td><td>Le Mercure galant</td></tr>
<tr><td>105</td><td>Iphigénie en Aulide</td><td>129-130</td><td>Esope — Esope à la cour</td></tr>
<tr><td colspan="2" align="center">

Fuzelier

</td><td>131</td><td>Le Mort vivant</td></tr>
<tr><td>106</td><td>Momus fabuliste</td><td colspan="2" align="center">

Sacchini

</td></tr>
<tr><td colspan="2" align="center">

D'Orneval

</td><td>132</td><td>Œdipe — 133 Dardanus</td></tr>
<tr><td>107</td><td>Arlequin traitant</td><td>134</td><td>Tancrède</td></tr>
<tr><td colspan="2" align="center">

Collé

</td><td colspan="2" align="center">

Desmahis

</td></tr>
<tr><td>108</td><td>La Partie de chasse</td><td>135</td><td>La Veuve — 136 Triomphe</td></tr>
<tr><td>109</td><td>Vendanges de la Folie</td><td colspan="2" align="center">

Mondonville

</td></tr>
<tr><td>110</td><td>Dupuis et Désronais</td><td>137</td><td>Titon et l'Aurore</td></tr>
<tr><td>111</td><td>L'Esprit Follet</td><td colspan="2" align="center">

Fagan

</td></tr>
<tr><td colspan="2" align="center">

Piccinni

</td><td>138</td><td>Les Originaux</td></tr>
<tr><td>112</td><td>Didon</td><td colspan="2" align="center">

Goldoni

</td></tr>
<tr><td>113</td><td>Roland</td><td>139</td><td>Le Bourru bienfaisant</td></tr>
<tr><td>114</td><td>Atys</td><td colspan="2" align="center">

Guyot de Merville

</td></tr>
<tr><td>115</td><td>Pénélope</td><td>140</td><td>La Famille Glinet</td></tr>
<tr><td>116</td><td>Iphigénie en Tauride</td><td colspan="2" align="center">

Dezède

</td></tr>
<tr><td colspan="2" align="center">

Legrand

</td><td>141</td><td>Blaise — 142 Alexis</td></tr>
<tr><td>117</td><td>Ballet de XXIV heures</td><td>143</td><td>Les trois Fermiers</td></tr>
<tr><td>118</td><td>La Famille extravagante</td><td colspan="2" align="center">

Chéron

</td></tr>
<tr><td>119</td><td>L'Aveugle clairvoyant</td><td>144</td><td>Le Tartufe de mœurs</td></tr>
<tr><td colspan="2" align="center">

Dominique

</td><td colspan="2" align="center">

Gueulette

</td></tr>
<tr><td>120</td><td>Agnès de Chaillot</td><td>145</td><td>Le Trésor supposé</td></tr>
<tr><td>121</td><td>Les Quatre Semblables</td><td colspan="2" align="center">

Paiseillo

</td></tr>
<tr><td>122</td><td>Les Paysans de qualité</td><td>146</td><td>Nina folle par Amour</td></tr>
<tr><td colspan="2" align="center">

Romagnesi

</td><td colspan="2" align="center">

Campra

</td></tr>
<tr><td>123</td><td>Le Temple de la Vérité</td><td>147</td><td>Hésione</td></tr>
<tr><td>124</td><td>Amusements à la mode</td><td colspan="2" align="center">

Favart

</td></tr>
<tr><td>125</td><td>Les Fées</td><td>148</td><td>Les Deux Jumelles</td></tr>
<tr><td></td><td></td><td>149</td><td>L'Anglais à Bordeaux</td></tr>
<tr><td></td><td></td><td>150</td><td>Les trois Sultanes</td></tr>
</table>

150 autres volumes d'ici fin présente année **1878**.

PARIS. — IMP. Vve P. LAROUSSE ET Co, RUE NOTRE-DAME-DES-CHAMPS, 49

www.ingramcontent.com/pod-product-compliance
Lightning Source LLC
Chambersburg PA
CBHW070131100426
42744CB00009B/1789